LUCIDEZ
A LUZ QUE ACENDE NA ALMA

3ª edição
Do 40º ao 42º milheiro
2.000 exemplares
Maio/2019

© 2015 - 2019 by Boa Nova Editora.

Capa
Direção de arte
Francisco do Espírito Santo Neto
Designer
Cristina Fanhani Meira

Revisão
Paulo César de Camargo Lara
Maria de Lourdes Pio Gasparin

Editoração eletrônica
Cristina Fanhani Meira

Coordenação Editorial
Ronaldo A. Sperdutti

Impressão
Vox Gráfica

Todos os direitos reservados.
Nenhuma parte desta obra pode ser reproduzida ou transmitida ou qualquer forma e/ou quaisquer meios (eletrônico ou mecânico, incluindo fotocópia e gravação) ou arquivada em qualquer sistema ou banco de dados sem permissão escrita da Editora.

O produto da venda desta obra é destinado à manutenção das atividades assistenciais da Sociedade Espírita Boa Nova, de Catanduva, SP.

Dados Internacionais de Catalogação na Publicação (CIP)
(Câmara Brasileira do Livro, SP, Brasil)

Hammed (Espírito).
    Lucidez : a luz que acende na alma / ditado por Hammed ; [psicografado por] Francisco do Espirito Santo Neto. -- 1. ed. -- Catanduva, SP : Boa Nova Editora, 2008.

ISBN 978-85-99772-25-6

1. Espiritismo 2. Máximas 3. Meditações 4. Psicografia I. Espirito Santo Neto, Francisco do. II. Título.

08-11375   CDD-133.901

Índices para catálogo sistemático:
1. Mensagens psicografadas : Espiritismo 133.93

Francisco do Espirito Santo Neto
ditado por Hammed

LUCIDEZ
A LUZ QUE ACENDE NA ALMA

O que quer que seja que pedirdes na prece, crede que o obtereis, e vos será concedido. (Marcos, 11:24.)

Instituto Beneficente Boa Nova
Entidade coligada à Sociedade Espírita Boa Nova
Av. Porto Ferreira, 1.031 | Caixa Postal 143
Catanduva/SP | CEP 15809-020
www.boanova.net | boanova@boanova.net
Fone: (17) 3531-4444

SUM

ntrodução - Oração reflexiva 7
1 - Senhor, dize-me, onde e quando foi determinado? 11
2 - Imposição das mãos 15
3 - Perante a rebeldia 19
4 - Súplica de mãe 23
5 - Prece do perfeccionista 27
6 - Diante de nossas deficiências 31
7 - Súplica do líder consciente 35
8 - Rogativa da caridade em favor dos discriminados 39
9 - Prece do bom ânimo 43
10 - Senhor, ajuda a minha incredulidade! 47
11 - Buscando a prudência 51
12 - Sem a dádiva da prece 55
13 - Filhos perante a mudança de hábitos 59
14 - Um aprendizado do amor 63
15 - Ao divino naturalista 67
16 - Ante o vício da paixão 71
17 - Prece do controlador 77
18 - Petição dos médiuns 81

ÁRIO

19 - Nos tempos da adolescência............................85
20 - Solicitando compreensão................................89
21 - Oração da noite...93
22 - Pedindo luz..97
23 - Diante dos equívocos do amor......................101
24 - Desiderata..105
25 - Ante a pré-ocupação.......................................109
26 - Oração dos pais...113
27 - Prece da palavra..117
28 - Agradecimento pelo amigo!...........................121
29 - Jovens em crises de identidade.....................125
30 - Prece diante da natureza................................129
31 - Na presença da espiritualidade......................133
32 - Ante as enfermidades.....................................137
33 - Jesus acalma meus passos.............................141
34 - Abrir mão do tempo..147
35 - Oração do dirigente religioso.........................151
36 - Prece de gratidão..155

INTRODUÇÃO

ORAÇÃO REFLEXIVA

Leitores amigos, as preces aqui apresentadas são um ponto de partida para que possamos externar nossas rogativas por meio de reflexões mais profundas. Elas nos ajudarão a expressar anseios e gratidão e a desvendar a força interior que até então desconhecíamos.

Esta humilde coletânea de preces ou súplicas tem como objetivo principal não somente solicitar ajuda, bênção, ou agradecer uma graça recebida, mas estimular-nos a meditar sobre aquilo que pedimos e o motivo do pedido, além de nos incentivar a criar novas orações de acordo com nossas próprias fragilidades e dores da alma.

É um conjunto de mensagens seletas, escritas em diferentes épocas e agora reunidas para formatar este livro simples. São preces singelas que não devem ser lidas de afogadilho, de modo apressado e superficial, e sim pausadamente. Também é importante que as utilizemos, não apenas nas horas de aflição e conflitos, mas sempre que houver algum tempo disponível, ou seja, quando estivermos livres de compromissos imediatos.

Sugiro que, depois da leitura, fechemos o livro e nos deixemos levar por reflexão pessoal sobre a ideia ali contida, pensando demoradamente e aplicando-a à própria vida. Acredito que recolheremos o alimento espiritual que tanto procuramos para solucionar nossas crises existenciais e para renovar atitudes.

Adoração – do latim *adoratìo, ónis* – significa "culto a Deus, ação de venerar e reverenciar; admiração e respeito profundo". O sentimento de adoração se mescla ao de religiosidade.

A adoração é um subproduto da religiosidade e vice-versa. *"Ela (Lei de adoração) está na lei natural, uma vez que é o resultado de um sentimento inato no homem. Por isso, ela se encontra em todos os povos, ainda que sob formas diferentes."*[1]

O Criador jamais está distante; nós é que não percebemos sua presença na nossa intimidade. A "Voz de Deus" é a fonte inesgotável de bênçãos e, sempre que nos predispomos à prece, esse diálogo divino acontece em nosso âmago, através de uma linguagem não convencional.

Fundamentando nosso pensamento, lançamos mão da luminosa dissertação de Léon Denis, o notável filósofo e espírita francês, sobre as leis divinas:

"*Deus nos fala por todas as vozes do Infinito. E fala não em uma Bíblia escrita há séculos, mas em uma bíblia que se escreve todos os dias, com esses característicos majestosos, que se chamam oceanos, montanhas e astros do céu; por todas as harmonias, doces e graves, que sobem do imo da Terra ou descem dos espaços etéreos.*

Fala ainda no santuário do ser, nas horas de silêncio e de meditação. Quando os ruídos discordantes da vida material se calam, então a voz interior, a grande voz desperta e se faz ouvir. Essa voz sai da profundeza da consciência e nos fala dos deveres, do progresso, da ascensão da criatura.

Há em nós uma espécie de retiro íntimo, uma fonte profunda de onde podem jorrar ondas de vida, de amor, de virtude, de luz. Ali se manifesta esse reflexo, esse gérmen divino, escondido em toda Alma humana." [2]

Por final, leitores, depositamos em suas mãos estas páginas para que delas retirem as forças necessárias para enfrentar as constantes batalhas travadas na vida íntima. Leiam-nas um pouco a cada dia. Abram-nas sempre que quiserem experimentar momentos de paz e oração, ou mesmo um estado de espírito propício a mudanças comportamentais.

Hammed
Catanduva, 9 de setembro de 2008.

---
[1] Questão 652 (O Livro dos Espíritos).
[2] O grande enigma, cap. VI, "As leis universais", ed. FEB, p. 82-83.

1

SENHOR, DIZE-ME, ONDE E QUANDO FOI DETERMINADO?

Pai... Deus de Ilimitada Bondade, ajuda-me! Não há anoitecer sem que eu faça mil perguntas a mim mesmo. Nenhum dia transcorre sem que eu me indague para que fui criado. O que o Senhor deseja de mim?

Nem sempre, Pai, encontro respostas satisfatórias, ou mesmo lógicas, sobre o que devo ser neste mundo. No entanto, reconheço que estou sob o véu de tua infinita proteção, cuidado e desvelo.

O que é correto? O que é errado? Qual é o meu lugar na vida?

Por que tenho fome, se não posso comer do pão que

me apetece? Por que aguças meu interesse em navegar por águas diferentes, se não devo fazê-lo? Para que pernas, se sou proibido de correr em direção aos ventos que me levariam a lugares que me agradam?...

E por que tenho olhos que vislumbram ao longe, se não é para que eu enxergue sempre mais e mais?...

Sinto que é muita incoerência ter aspiração por coisas que não podem ser minhas!

Quero saber o motivo disso tudo! Ajuda-me, Criador da Vida!

Observo que pássaros ganham suas asas para voar e louvar--te, cantando nos céus as melodias que eles conhecem.

Percebo que as flores um dia foram botões que se abriram, e que elas também se transformaram em frutos...

Estou sedento do sentido de mim mesmo. Dize para que serve minha alma, se não para mostrar-me o significado das coisas.

Por que tenho asas, se não fui feito para ser livre e voar para longe? Dize-me, Pai, onde está impresso o que devo ser? Para que serve a minha essência, a não ser para desvendar meus caminhos?

Vou poder um dia escolher os frutos da terra, dos céus e do mar? Vou ter o meu quinhão em todas as realizações a que aspiro?

Dize-me... Dize-me onde está impresso o que devo ser...

Se fui feito para amar, então há possibilidade para que eu atravesse mares, planícies e montanhas para além de qualquer conto de fadas?

Quero viver numa realidade mais amorosa e humanizada, que jamais discrimina e separa, antes se volta para o bem comum de todas as criações e criaturas.

O cerne de minhas indagações é que eu acredito que as possibilidades de "escolha de cada um" foram dadas pela Vida Maior. Pessoas são o que são, não o que queremos que sejam. Os caminhos alheios não podem ser resolvidos em debates ou plebiscito civis, políticos ou governamentais, pois aí apenas se decide essa ou aquela forma de governo, de economia ou de direito, e não se institui ou decreta como devem ser os gostos e anseios alheios. Aliás, já diziam os sábios: se quisermos vencer a natureza é preciso ficarmos a seu favor.

Revela-me, Pai Amantíssimo, o porquê de meus sentimentos e onde e quando foi determinado o que eu deveria ser. Esclarece-me para que eu possa encontrar sentido nas manhãs e, a partir daí, ter a certeza de que minha porção de vida será garantida na existência por ti idealizada.

Dize-me onde foi determinado. Dize-me, por favor...

Assim seja.

2

IMPOSIÇÃO DAS MÃOS

Amado Pai, ajuda-nos a utilizar bem as mãos, para que elas sejam chamadas a curar as chagas da alma. Permite-nos que as coloquemos, sempre que necessário, em posição de quem ora, a fim de expandirmos luzes para atenuar dores, renovar as forças interiores, tranqüilizar nosso íntimo e auxiliar a quem quer que seja.

O coração inspira a mente; esta pensa e as mãos edificam. Por sinal, os feitos delas darão notícias de como foi nossa passagem pela Terra.

Todo-Compassivo, consente que nossas mãos esparjam, por meio da transmissão fluídica, algum vigor ou força do seu amor infinito para dar aconchego e contentamento aos nossos semelhantes. Faze delas um canal; usa-as como ferramentas de restabelecimento e sanidade.

Todavia, é bom lembramos que mãos generosas não são aquelas que doam de forma superabundante e descontrolada, mas aquelas que sabem como e quando doar acertadamente. Por falar nisso, Pai Amado, a mão que realmente auxilia pertence às criaturas que aprenderam a favorecer os outros sem se verem obrigadas a tomar para si os conflitos e infortúnios que não lhes pertencem. É aquela que socorre os sofredores sem emaranhar-se na problemática emocional deles.

Senhor Deus, inspira-nos a sermos prestativos com as aflições dos nossos semelhantes, mas não nos deixes envolver nos conflitos ou problemas que não são nossos. Melhor ajudamos quando não carregamos as cruzes alheias, e sim quando só ajudamos a levantá-las.

Pai, estamos cientes de que muitas religiões na atualidade distorceram o conceito de altruísmo, utilizando a culpa e o medo como formas de nos forçar a manter o sustento físico e a estabilidade emocional de outrem. Muitos de nós não entendemos que a beneficência real não depende de imposição moral ou obrigação religiosa, mas da necessidade de estar unida à naturalidade da doação com amor.

A prova disso está nas palavras de Jesus: "*Mas, quando tu deres esmola, não saiba a tua mão esquerda o que faz a direita.*" [1] Ele utilizou a metáfora das mãos para nos ensinar que tudo que déssemos deveria ser com espontaneidade, e não por obrigação.

Por extensão de sentido, a palavra "mão", unida a outra palavra, tem significações interessantes:

- mãos impostas – aquelas que transmitem energia, entregando-se a uma empreitada de amor;

- mãos de fada – são laboriosas e hábeis na execução dos mais diversos trabalhos de arte;

- mãos unidas – ficam, palma com palma, na posição dos que oram ou suplicam ardentemente;

- mãos à palmatória – são flexíveis, pois reconhecem a derrota ou o engano;

- mãos fortes – servem de sustentáculo; emprestam apoio, solidarizam e amparam;

- mãos-largas – são pródigas ou dadivosas; pertencem a indivíduos de boa vontade;

- mãos de seda – são carinhosas e atenciosas com as dores alheias;

- mãos-cheias – as que fartam; oferecem quantidade mais que suficiente para suprir necessidades.

Bom Deus, temos certeza de que amparas invariavelmente as mãos-postas que lhe rogam auxílio e de que sustentas as mãos trêmulas e inseguras, reservando-lhes braços fortes. Por isso, apazigua nosso coração para que a energia que provém de ti e o atravessa em nossa direção, continue repleta do teu Amor.

Que assim seja.

---

[1] *Mateus 6:3.*

3

PERANTE A REBELDIA

Mestre, Estrela-Luz a guiar nossos passos!

Pastor de Almas, diante do "mau ladrão" observamos o inconformismo em relação às leis da vida, o que demonstra o fogo da rebeldia, que rejeita a realidade dos fatos e não se submete nem à ordem nem à disciplina. O revoltado está inconformado com o *status quo* e, por não saber aceitar o próprio mundo íntimo, quer mudar a qualquer preço o mundo fora.

Como sabemos, ser rebelde não é um erro por si só; a falta ocorre quando esse estímulo energético não tem uma canalização saudável. Na verdade, o mesmo vigor que move a rebeldia pode ser convertido e aproveitado em perseverança e tenacidade – energias que induzem as criaturas a não desistirem facilmente das ideias e dos ideais –, transformando "Saulos" em "Paulos".

Sabemos também, Senhor, que a rebeldia difere completamente da determinação.

Rebeldia, na melhor das hipóteses, é potencial desperdiçado; na pior, é força temerária e autodestrutiva. O rebelado, em muitas ocasiões, utiliza a própria energia sem rumo e orientação, tentando mudar o que está do lado de fora, esquecendo-se, na verdade, de que a transformação deve se iniciar na interioridade.

Ó Amigo Jesus, lança sobre nós o teu olhar lúcido para que a tua luz possibilite enxergarmos que as dores que gravitam em nosso derredor são subprodutos da automaticidade vivencial e que tais aflições tiveram origem em nós mesmos, fruto do inconformismo. Ensina-nos a caminhar melhor pelas estradas da vida a fim de vivermos mais felizes.

Excelso Benfeitor, os antigos mestres orientais ensinavam que "o exagero de claridade distorce a visão, o excesso de sons atordoa a mente, o tempero em demasia altera o gosto, o arrebatamento das paixões perturba os sentimentos, a cobiça absurda destrói a ética. Por isso, o sábio em sua alma determina a medida para cada coisa."

Dá-nos discernimento para dosarmos nossos sentimentos

e emoções e percebermos com maior clareza os extremismos íntimos que ainda vivemos irrefletidamente, lembrando-nos de Voltaire: "A dose faz o veneno", o que evidencia que a diferença entre o remédio e o veneno está exatamente na quantidade da substância utilizada.

Temos consciência, Senhor, de que somente equilibrando nossas energias é que nos desvencilharemos das cruzes entalhadas por nós próprios dia após dia.

4

SÚPLICA DE MÃE

Diante da educação de nossos filhos, auxilia-nos, Senhor Jesus, a tomar atitudes sempre mais adequadas para nós e para eles. Proteção sim, mas sem exageros.

Sabemos, Rabi de Nazaré, que faz parte do instinto maternal querer proteger os filhos. Como o bebê humano é a espécie mais dependente na Natureza, a proteção dos pais e, principalmente de nós, as mães, é fundamental para o bom desenvolvimento da criança. É compreensível o desvelo e os cuidados que temos, porém é preciso que prestemos atenção para não irmos longe demais, comprometendo o crescimento psíquico da personalidade dos pequenos.

Há mães, Mestre, que entendem o significado da palavra proteção como preocupação exagerada e calor humano excessivo. Assim, vivenciam uma ansiedade acima do normal.

Sufocam seus filhos com a intenção de fazer o melhor para eles e acabam exercendo o papel de superprotetoras, sem se dar conta de que esse comportamento pode ser nocivo e danoso, pois tolhe sua liberdade e impede que amadureçam psíquica e socialmente.

Amigo Jesus, livra-nos dos cuidados desmedidos. É evidente que os menores precisam sempre de um adulto por perto para auxiliá-los, atendendo às suas necessidades. Entretanto, Senhor, hoje sabemos que esses cuidados fora do comum estão relacionados a conflitos pessoais de conteúdo emocional do adulto, que projeta sobre a criança seus medos, anseios, preocupações, frustrações, desgostos, sentimentos de culpa. Todo esse conjunto forma o alicerce profundo e inconsciente da superproteção.

Por fim, Mestre, ajuda-nos a não usar descontroladamente a nossa ternura e o nosso amor para que não vivenciemos situações de risco na educação filial. Entre elas:

• relações simbióticas, em que os filhos se sentem amados, mas criam um grau superlativo de dependência em relação ao adulto;

• relações permissivas, em que os pais são incapazes de impor limites devido a sentimentos de culpa, permitem tudo à criança;

• relações compensatórias, em que o adulto tenta viver através dos filhos, realizando assim aspirações íntimas;

• relações contraditórias, em que há falta de coerência nos atos e atitudes e nas palavras do adulto para com as crianças;

• relações possessivas, em que se "toma posse" do filho com o intuito de preencher o vazio deixado pela carência afetiva;

• relações perfeccionistas, em que se tem a pretensão de ser a melhor mãe do mundo, induzindo o menor a esse mesmo tipo de compulsão.

Semeador do Bem, renova-nos os conceitos e convicções para que nós, as mães, não perpetuemos opiniões retrógradas e equivocadas, e sim eduquemos os filhos assegurando-lhes uma formação útil e proveitosa, e um desenvolvimento físico, intelectual e ético que os torne seres humanos ajustados e mais felizes.

Ampara-nos, Jesus, hoje e sempre.

5

PRECE DO PERFECCIONISTA

Senhor Jesus, livra-me da compulsão para fazer as coisas com perfeição.

Ajuda-me a aceitar a normalidade das falhas humanas.

Neste momento de minha caminhada evolutiva, compreendo que me criaste para viver humanamente, e não perfeitamente. Hoje, "ser homem" é respeito ao limite daquilo que sou.

Amigo Excelso, que eu possa retirar de meu vocabulário diário as expressões: "ter que", "deveria", "precisaria agir" ou "atuar melhor". Certas frases que utilizo com freqüência me induzem a fazer além do que eu sei ou posso fazer.

Quase sempre, amável Condutor de Almas, noto que ninguém me repreende tão cruelmente quanto eu mesmo.

Disseste certo dia: "*Não se vendem dois pardais por um asse? E, no entanto, nenhum deles cai em terra sem o consentimento do vosso Pai! Quanto a vós, até mesmo os vossos cabelos foram todos contados. Não tenhais medo, pois valeis mais do que muitos pardais.*"[1]

Todavia, Senhor, quase sempre me esqueço dessas tuas palavras de confiança e destemor e tento buscar no perfeccionismo uma forma de compensar meu medo de viver, de indenizar a insegurança que me domina, de conter minha inquietação diante da existência.

Esclarece-me, Mestre Galileu, para que eu perceba com clareza minhas fronteiras internas e externas, e jamais deixes que eu me compare com os outros. Quando faço comparações, sempre me frustro, Senhor Jesus.

Que eu descubra até onde devo ir, até onde minhas forças agüentam, até onde são úteis e verdadeiras as minhas buscas existenciais.

Não permitas que eu me fantasie de herói ou de supercriatura, uma vez que pertenço à raça humana, tenho dificuldades e pontos fracos, estou aprendendo lições comuns e vivendo situações apropriadas às minhas forças.

Rabi de Nazaré, não consintas que eu ignore os meus erros, pois, dessa forma, tudo o que eu teria que aprender com eles ficaria prejudicado.

Luz do Mundo, quando a síndrome de onipotência me envolver a casa mental, ajuda-me a me desvencilhar dela rapidamente, a admitir minha vulnerabilidade e a retomar o que me é devido: minhas possibilidades inatas, singelas e naturais.

A minha mais pura intenção, Senhor, é transformar minha conduta perfeccionista, fonte oculta de ansiedade e amargura. Preciso mudar meu esquema mental e buscar formas alternativas de transformação, para viver melhor comigo mesmo.

Neste final de rogativa, despeço-me de ti, Preceptor Amigo, solicitando-te, mais uma vez, que venhas em meu socorro, auxiliando-me em minhas lutas íntimas.

Senhor, livra-me da perfeição apressada que me martiriza a alma e faze com que eu possa aceitar a normalidade das falhas humanas.

Sê comigo agora e sempre.

Assim seja.

---

[1] *Mateus, 10:29 a 31.*

6

DIANTE DE NOSSAS DEFICIÊNCIAS

Jesus, rocha segura que nos ampara!...

Naqueles tempos idos, nos recordamos de tua palavra aos discípulos sobre a "dupla faceta" dos escribas e fariseus. Ao ensinar, disseste: *"Cuidado com os mestres da lei. Eles fazem questão de andar com roupas especiais, de receber saudações nas praças e de ocupar os lugares mais importantes nas sinagogas e os lugares de honra nos banquetes. Eles devoram as casas das viúvas, e, para disfarçar, fazem longas orações. Esses receberão condenação mais severa!"* [1]

Temos ciência, Mestre, de que esse grupo de indivíduos – os fariseus –, que viviam na estrita observância das escrituras do Velho Testamento e das tradições orais, apoderaram-se da cadeira de Moisés para aparentarem importância e achavam-se no direito de julgar e condenar a conduta de outrem, a pretexto de ajuda. *"Eles devoram as casas das viúvas, e, para disfarçar, fazem longas orações."* Sabemos que no seu tempo, essas eram as pessoas mais indefesas, ignoradas pela sociedade.

Os fariseus utilizavam uma falsa aparência que, não correspondia aos fatos por eles afirmados, servindo-se de máscaras para ocultar suas verdadeiras intenções. De nada menos do que roubo, simulação e disfarce é que Jesus acusou esses religiosos.

Oh! Senhor, é espantoso como não mudamos quase nada desde os tempos em que andavas entre nós!

Os "profissionais da fé" ainda se valem de roupagens especiais, gostam de receber aplausos nas manifestações públicas, condecorações nas praças, o que equivale à apresentação nos meios de comunicação social na atualidade.

Nas exposições públicas, escolhem o posto de maior destaque e nos banquetes, as posições de honra. Infelizmente, nada se modificou nas circunstâcias atuais.

Outras vezes, disseste mais: *"Ai de vós, escribas e fariseus, hipócritas! Pagais o dízimo da hortelã, do endro e do cominho e desprezais os preceitos mais importantes da lei: a justiça, a misericórdia, a fidelidade. Eis o que era preciso praticar em primeiro lugar, sem contudo deixar o restante. Guias cegos! Filtrais um mosquito e engolis um camelo!"* [2]

Cristo de Deus, ainda hoje muitos de nós nos identificamos como "fariseus e escribas da atualidade". Vivemos ilusões que distorcem a realidade e adotamos "papéis" que não correspondem à verdade. As máscaras turvam nosso reino interior e desfiguram os fatos tais quais são.

No entanto, rogamos, Jesus, a claridade de alma! Estamos cansados de sonhos falidos e de ilusões que geram frutos amargos. Ajuda-nos a viver no chão de nossas tarefas de elevação e renovação. Despoja-nos das quimeras que nos deslumbram, das opiniões sem consistências, dos comportamentos desconexos, dos juízos insensatos, das condutas incoerentes e incompatíveis com a vida real.

Diante de nossas deficiências, dá-nos lucidez, Senhor, para que possamos ver o apoio divino que há em tudo, convidando-nos à aceitação de nossas fraquezas e à renovação das atitudes inadequadas.

---

[1] *Marcos, 12:38 a 40.*
[2] *Mateus, 23:23 e 24.*

7

SÚPLICA DO LÍDER CONSCIENTE

Senhor Jesus!

Nosso Mestre e Amigo... Há sempre quem ore pelos liderados, mas raros se lembram de prestar assistência aos indivíduos que foram designados para comandar ou coordenar outros.

Em toda parte, ouvimos súplicas em favor dos que estão sob o comando, todavia é difícil testemunhar uma súplica em favor dos que lideram.

Há muitos que imploram pelos dirigidos, para que sejam socorridos no momento certo; entretanto, só ocasionalmente encontramos criaturas que solicitam ajuda divina para aqueles que detêm autoridade.

Condutor de Almas... Por toda parte, espalham-se profusamente os líderes presunçosos e os tiranetes, que oprimem os que estão sob sua dependência, dispostos a lançar mão de títulos e cargos para esmagar a liberdade de agir e pensar. A ambição do poder asfixia o espírito de liberdade.

Muitos de nós acreditamos piamente que somos simples e humildes, pois nossa prepotência está escondida em nosso inconsciente. Quando não vemos nossos pontos fracos ou vulneráveis, nossa "sombra" age de forma subliminar, ou seja, exerce sua atividade não ultrapassando o portal da consciência.

Pastor Benevolente, ajuda-nos para que não sejamos líderes imaturos, que utilizam Deus como desculpa e subterfúgio para que possam disputar territórios temporais e espirituais. A sede de poder camuflada na "sombra" interage com a orientação religiosa, ocasionando o terror dogmático que o homem faz consigo mesmo e o terror que o homem faz com outro homem.

Senhor, quando utilizarmos o termo "em nome de Deus", que possamos perceber que estamos, de algum modo, simplesmente falando "em nosso próprio nome". Quase sempre usamos o teu nome e o de nosso Pai como um enorme "depósito de projeção de nossas sombras", do qual nos servimos para esconder nossa ânsia de autoridade, domínio, poder, prestígio e influência sobre os seres ou sobre as coisas.

Mensageiro da Paz, desperta em nós um novo entendimento! Auxilia-nos a ver com clareza nossas inconscientes síndromes de superioridade, imodéstia e presunção. Não nos deixes sem norte, relegados à limitação de nossas próprias mazelas...

Bondoso Amigo, que possamos acrescentar à fé o princípio ético de toda religião – a liberdade –, sem a qual não há atividade criadora nem responsabilidade pessoal.

Nesta singela súplica, rogamos que não nos deixes, como líder, empregar nenhum tipo de violência, pois o ato violento não está unicamente no fato de valer-nos de força física contra algo ou alguém. Há muitas formas de violência que passam despercebidas, por exemplo:

• a verbal – falar impondo, advertir ironizando, convencer seduzindo, afirmar desqualificando, apontar intimidando, discriminar difamando, comentar agredindo;

• e a comportamental – encarar com arrogância, gesticular com ameaça, sorrir com deboche, olhar com desprezo, exprimir humilhando; e outras tantas.

Sê tu, Mestre, o Mensageiro a nos guiar, conscientizando-nos das máscaras de "santidade de adorno". Falsa virtude – árida, ilusória, cuja aparência não corresponde à realidade –, que coloca os seres diante de uma pretensa "ascendência" espiritual.

Somos agradecidos à tua benevolência, fique conosco

para sempre!...
Que assim seja.

8

ROGATIVA DA CARIDADE EM FAVOR DOS DISCRIMINADOS

Irmãos!

Foi-me concedido pela Sabedoria Celeste amparar amorosamente as criaturas. Busco a todos, por recomendação do Cristo Jesus, a mando da Fonte Excelsa de todas as coisas.

Marquei presença ao lado do Mestre em todos os momentos de seu ministério terreno.

Limpei ferida dos doentes, socorri pobres esfarrapados, alimentei oprimidos de toda sorte, induzi desesperados a que escutassem a mensagem cristã de cunho imortalista.

Levei Madalena e Zaqueu ao encontro libertador, aliviei os pesares de Maria e Marta ante a dor da perda, acolhi Pedro e Judas nos momentos aflitivos de insensatez e desequilíbrio, reuni apóstolos amados para colaborarem na divulgação da Boa Nova...

No entanto, ainda busco incansavelmente todas as criaturas da Terra solicitando compreensão e respeito diante dos estigmatizados na Terra...

Aproximem-se e ajudem-me! Colaborem e me dêem a mão!

São muitos os desprezados e tratados de modo imparcial em razão de possuírem características pessoais diferentes. Todos nós sabemos que discriminação é o nome que se dá para a conduta que viola direitos das pessoas com base em critérios injustos, tais como raça, nível social, idade, condição sexual, crença religiosa e outros tantos.

Busco aliviar as dores morais dos que padecem desse julgamento cruel e, ao mesmo tempo, dar oportunidade para que os indivíduos considerados "normais", conforme os conceitos dos homens, possam refletir atentamente a respeito de todos aqueles condenados por ideias discriminatórias e preconcebidas e que, por isso, não são tratados em pé de igualdade e dignidade humana de que todos têm direito diante da vida.

Escutem, por favor, meu apelo! Percebam a justiça e a bondade celeste que se estendem por toda a parte.

Espero que no futuro todos os irmãos considerados diferentes segundo a mentalidade vigente, ou mesmo aqueles que forem portadores das mais diversas tendências e particularidades, não mais sofram, quando renascerem, a perseguição desumana da sociedade terrena, que hoje os julga como "desnaturados".

Acompanhem-me e percebam que todos são igualmente filhos de Deus! Todos renascem para melhorar e aperfeiçoar-se e jamais com uma destinação voltada ao mal. Todos possuem tarefas evolutivas, e nenhum ser vivente sobre a Terra precisa mentir para compartilhar do mesmo espaço social ou mesmo se esconder continuadamente, não desfrutando das belezas da natureza terrena que a Divina Providência criou para o prazer de todos os seres humanos, sem distinção.

Aproximem-se e ajudem-me!

Colaborem e me dêem a mão!

9

PRECE DO BOM ÂNIMO

Amigo Jesus, modelo a ser seguido!

Estamos aqui reunidos em teu nome, a fim de pedir-te que nos conceda bom ânimo.

Tu nos avisaste, Senhor, que teríamos provações: "*Estas coisas vos tenho dito para que tenhais paz em mim. No mundo, passais por aflições; mas tende bom ânimo; eu venci o mundo.*"[1]

E elas realmente vêm, somos tolhidos pelos conflitos e há momentos em que o medo nos envolve; a alma se deixa tomar pela apatia e a tendência é acolhermos a desesperança. Fechamos a porta para a Espiritualidade agir, ficamos sem meta e direção, e o horizonte torna-se sombrio.

Mestre, em muitas circunstâncias, nós, os teus trabalhadores, sentimo-nos cansados e exauridos diante das tarefas cristãs que assumimos na Terra.

Por serem os tormentos inerentes à vida e ocorrerem em todas as etapas da existência humana, precisamos aprender a administrá-los e a superá-los, para não cairmos nas crenças que exaltam o sofrimento, para não acharmos que "viver é sofrer", ou que "depois de um problema, vem outro ainda maior..."

Os desgastes dos labores, obrigações diárias, doações energéticas, somados aos problemas naturais de nosso grau evolutivo, tomam conta de nós e nos levam ao desânimo improdutivo.

Nós te rogamos, Mestre Galileu, nesta prece despretensiosa, entusiasmo e coragem nas bênçãos do teu amor, para que possamos recompor nosso mundo íntimo e tomar o leme de nossa vida, não o deixando jamais em mãos alheias.

Sabemos que o nosso reino interior é um campo infinito de possibilidades. As leis divinas são um tesouro a ser desvendado, mas para encontrar essa riqueza é preciso que não nos deixemos escravizar pelas condições exteriores, que nos despojemos do personalismo e que eliminemos os traços de dependência que nos aprisionam a alma.

Logo, para termos bom ânimo é preciso respeitar a liberdade e a individualidade alheia, embora defendendo a nossa, pois o maior entrave existencial é não vivermos como nós somos em profundidade.

Não sentiremos alegria estando alheios a nós mesmos, aceitando ser manipulados por inúmeros espelhos a refletirem o que os outros esperam de nossa conduta e aspirações, para recebermos aceitação e aplausos.

Não sentiremos alegria enquanto não vivermos pessoalmente a nossa vida sem atribuirmos um caráter vitimista a tudo que nos acontece no dia-a-dia.

Somos espíritos cansados, buscando em teu aprisco, Divino Pastor, proteção, socorro e a fonte da água viva que nos vai saciar a sede de vida plena.

Fica conosco, Cristo de Deus, e guarda-nos em tua paz, vitaliza nosso mundo íntimo com as benesses de luz que se desprendem de tuas mãos abençoadas.

Que o recurso de teu Amor caia sobre todos nós como orvalho a fortificar a nossa vida.

Disseste: *"Tende bom ânimo; eu venci o mundo!"* Nós estamos de braços abertos, Senhor, para aprender tuas lições, fazendo uso do direito de tomar decisões livremente utilizando a capacidade de nos autogovernar para sermos mais felizes.

Assim seja.

---

[1] *João, 16:33.*

10

SENHOR, AJUDA A MINHA INCREDULIDADE!

Pastor de Almas, que a fagulha de luz que habita em nós, impulsionando nossa fé em viver, esteja brilhando, e que não se apague quando o vento forte da descrença inquietar nossa alma.

Recordo-me, Jesus, da narrativa do evangelista Marcos sobre teu encontro com uma grande multidão. Havia discussão entre seus discípulos e os escribas. Então, perguntaste aos escribas: *"Que é que discutis com eles?"*

Um homem, pondo-se de joelhos diante de ti, respondeu que pedira aos discípulos que expulsassem um espírito imundo de seu filho, mas eles não puderam curá-lo. *"O pai desesperado implorou ao Mestre, dizendo: Mas, se tu podes fazer alguma coisa, tem compaixão de nós, e ajuda-nos. E Jesus disse-lhe: Se tu podes crer, tudo é possível ao que crê. E logo o pai do menino, clamando, com lágrimas disse: Eu creio, Senhor! Ajuda a minha incredulidade!*

O Salvador, então, repreendeu o espírito imundo e ordenou-lhe: Sai dele, e não entres mais nele. E ele, clamando e agitando-o com violência, saiu." [1]

Por isso, Rabi de Nazaré, todos nós podemos nos juntar a essa súplica do pai aflito e repetir em coro: "Senhor Jesus, socorre-nos em nossa incredulidade". Dá-nos força, reflexão e discernimento necessários para que possamos entender o poder da fé e, por conseqüência, desenvolver o dom da serenidade.

São tantas as dores da alma, tantas as angústias e soledades que atingem nossa intimidade na jornada terrena, que sem a fé raciocinada, alicerçada no conhecimento de nós mesmos, estaremos fadados ao desespero e à melancolia profunda, desesperançados para suportar nossas atribulações existenciais.

Senhor Jesus, ajuda-nos em nossa descrença! Eis aqui a rogativa de todos nós, Espíritos imaturos e inconscientes das reais necessidades da vida.

O nevoeiro da falta de fé interfere em nossos caminhos. Quando a morte física nos priva da presença de um ser amado, nós nos desesperamos. Muitas vezes desistimos até mesmo de viver. Sentimo-nos sem forças e não conseguimos divisar uma réstia de esperança. Tudo nos parece envolto em brumas.

Se os tropeços financeiros se avolumam ou se nosso sustento for ameaçado, angustiamo-nos. Tudo nos parece insuperável, um encargo demasiadamente pesado para suportar.

Em certas ocasiões, quando alguém que amamos nos abandona, chegamos à depressão e até às raias do desespero.

Entretanto, a recomendação evangélica estabelece que tudo é possível àquele que crê. A fé clareia as noites mais nebulosas. São os cenários do inverno rigoroso que nos permitem antever a primavera cobrindo os campos gelados de relva e de flores.

É nas noites mais escuras que conseguimos ver plenamente o manto aveludado bordado de estrelas na abóbada celeste.

Portanto, Mestre Amado, se as névoas densas da incredulidade estiverem embaçando as paisagens de nosso cotidiano, incentiva-nos a estudar e refletir.

Senhor, abranda nosso passo, desacelera o ritmo frenético que às vezes nos impulsiona a caminhada impedindo-nos de ter uma visão plena da eternidade do tempo. Em meio aos burburinhos do dia-a-dia, dá-nos a certeza de que o Pai nos conduz hoje e sempre.

---

[1] *Marcos, 9:14 a 26.*

11

BUSCANDO A PRUDÊNCIA

Ao findar mais um dia, agradecemos a Jesus por todos os ensinos que nos deixou...

Destacamos entre eles: "*Eis que vos envio como ovelhas ao meio de lobos; portanto, sede prudentes como as serpentes, mas simples como as pombas.*" [1]

Condutor de Almas, sabemos que a prudência é a arte de tomar decisões certas. Tem como tarefa a reflexão para evitar as inconveniências; é a virtude que faz prever os perigos utilizando a moderação, à qual cabe defender os "patrimônios da alma", refreando as "exigências do ego". A bem da verdade, a moderação é conselheira respeitável na tomada das decisões.

Ser prudente é ver os fatos tais como são e, com base neles, tomar decisões reflexivas. Mas infelizmente, Senhor, vez ou outra, decidimos alicerçados na inveja, ambição, medo e paixão, até por respeito ao "verniz social", mas nem sempre pela razão e pelo bom senso.

Agir com cautela é a máxima da prudência. *"No coração do prudente repousa a sabedoria..."* [2]

Amigo Jesus, não valorizamos o exercício da disciplina, somos inconseqüentes e precipitados, reagindo sob o "impulso do momento". Ainda não entendemos o valor de "refletir e esperar" para decidir melhor.

Temos conhecimento, Celeste Amigo, de que um dos principais objetivos da oração não é obter respostas, mas adquirir sabedoria, e que esta, por sua vez, nos levará à prudência.

Dá-nos sensatez e paciência ao tratarmos assuntos difíceis. Às vezes, é preciso reter decisões e recapitular o que já se viu e aprendeu para discernir entre as coisas que devem ser desejadas e aquelas que devem ser evitadas.

Ajuda-nos a não adiar o que precisamos fazer e a buscar neste momento o que é certo para nós, depositando confiantemente o resultado de nossos esforços nas mãos de Deus.

Mestre Jesus, buscamos a ti em oração, todos nós que ainda nos encontramos crucificados no madeiro de nossa precipitação, algemados a comportamentos impetuosos que nos induzem aos desencontros da vida. Precisamos aprender que é impossível viver de maneira prazerosa sem a presença vigilante da prudência.

---

[1] *Mateus, 10:16.*
[2] *Provérbios, 14:33.*

12

SEM A DÁDIVA DA PRECE...

Jesus, mensageiro divino, todas as experiências nos ensinam alguma coisa, basta estarmos dispostos a refletir e aprender.

Ajuda-nos a ser gratos por todas as atribulações, mesmo as que nos causam mais aflição e sofrimento. Ajuda-nos a nos concentrarmos no aprendizado existencial, em vez de ficarmos enfocados na dor, experiência inicial, motivadora do que se aprendeu.

Por isso, Senhor, sabemos que a dor vem sempre acompanhada da sabedoria, pois tudo o que experenciamos favorece nossa maneira de existir.

No entanto, na escola da vida, determinadas lições são difíceis e exigem de nós esforços árduos para sua concretização. Eis aqui algumas delas:

• conhecer as próprias características, sentimentos e inclinações;

• respeitar opiniões alheias, validando a alteridade dos outros;

• aceitar que as fases de desânimo fazem parte da ordem natural da existência;

• silenciar diante de notícia que não se pode revelar, ou manter discrição quando se referir a algo ou alguém;

• administrar o tempo de modo conveniente;

• saber conviver com criaturas grosseiras, importunas e desagradáveis;

• lembrar-se da transitoriedade das coisas;

• perdoar ofensas, compreendendo as fragilidades humanas;

• evitar que a saudade do ontem e as preocupações do amanhã prejudiquem o hoje;

• acolher os erros como peças valiosas que expandem a consciência;

• usar os conflitos e desconfortos emocionais como instrumentos de crescimento pessoal;

• enfocar para cada ideia depressiva um pensamento elevado.

Auxilia-nos, Mestre da Verdade, a entender que sem a dádiva da prece não conseguiremos vivenciar nem a metade desses itens, que têm como proposta nossa realização espiritual. A oração reflexiva constitui lubrificante primoroso que reduz o atrito de eixos e peças que se movem na máquina de nossas experiências diárias.

Benfeitor Amigo, temos conhecimento de que a dor nunca atinge um coração sem que antes a misericórdia de Deus não tenha ali plantado uma semeadura providencial para enriquecê-lo um dia com uma rica colheita.

Não fomos criados maus, e sim inexperientes. Todos fazemos parte da família universal, nem melhores nem piores do que todos os outros. Afinal, somos imortais filhos de Deus, vivenciando a experiência humana.

O somatório de todos os nossos desacertos e de todas as nossas ilusões perdidas se chama experiência. Experiência, contudo, não é aquilo que se deu com alguém em determinado momento; é o que esse alguém retirou de proveito nesse momento.

Em teu nome, Jesus, que possamos entender plenamente que os erros não matam, antes ensinam a viver.

Abençoa-nos hoje e sempre.

Assim seja.

13

FILHOS PERANTE A MUDANÇA DE HÁBITOS

Pai, concede a nós, filhos, a dádiva de buscar-te antes de todas as coisas, uma vez que somente assim poderemos viver em harmonia e coesão familiar.

Vem com teu Espírito Iluminado sobre nosso lar e inspira-nos a vencer as dificuldades que porventura lá existam: conflitos de geração, crises existenciais, mudanças de hábitos e diversidade de conceitos.

Nada mais angustiante, Senhor, do que as crises domésticas, extremamente dolorosas, com marcas profundas no seio familiar. Por vezes, Pai, o "tempo pode curar" reaproximando os discordantes, mas as relações afetivas, em alguns casos, acabam demorando para serem refeitas, deixando por meses a fio um ressentimento no ar. Em outras, a confiança, não raro, também custa a se restabelecer. E chega a ser natural pensar-se assim: quem se desentendeu uma vez, possivelmente o fará de novo.

Criador Amoroso, estamos a par de um fato comum no meio doméstico: é quando nós, os filhos, nos libertamos da dependência que nos algemava aos nossos pais, não mais vendo neles o ídolo ou o herói imaginado. A partir daí, inicia-se o processo de "humanização e desmitificação dos adultos".

Nessa fase normal e compreensível, nem sempre somos bem recebidos pelos nossos pais. Ao contrário, estes se sentem desprestigiados, desmoralizados, acreditando terem perdido o domínio sobre nós, os adolescentes. Às vezes, reagem até com aspereza, tentando salvar o que imaginam perder de seu império familiar prestes a desmoronar.

Alma do Universo, ajuda-nos nessas mudanças de hábitos.

Temos ciência, Senhor, de que quanto mais nossos pais são inseguros e imaturos, mais se incomodam com nossas iniciativas de autonomia. Vivem com suas inseguranças, da mesma forma que manifestam as suas expressões faciais; não as percebem, elas só os denunciam para aqueles que os rodeiam.

Fonte do Bem, ajuda-nos para que possamos auxiliar

nossos pais a entender que, quando deixamos de acreditar que eles têm dotes divinos ou que são deuses, e que, quando se tornam para nós menos ídolos e mais seres humanos, não estamos deixando de amá-los ou de respeitá-los, porquanto sempre iremos considerá-los "adultos importantes e significativos" por toda a nossa vida.

Na verdade, Pai, o que acontece é que estamos iniciando um processo de amadurecimento; estamos alterando conceitos e pontos de vista traçados na infância.

Começamos então a perceber que os pais também têm vida sexual, fraquezas e vícios; que cometem erros e injustiças; que mentem, prometem e não cumprem; que omitem fatos, inventam desculpas, mudam o curso da conversa quando percebem que vão ser vencidos diante de argumentos incontestáveis, além de outras tantas fraquezas.

Espírito Bondoso, socorre-nos neste autêntico "motim interno" em que nós – os colonizados – nos libertamos pacificamente dos pais – os colonizadores – e buscamos a tão almejada independência existencial.

Sabemos que a prece é um impulso da alma; um olhar suplicante aos céus. É o anseio de agradecimento ou de auxílio que sai do reconhecimento, da alegria ou da dor. É simplesmente algo transcendental que fortalece os laços da nossa alma ao Espírito de Deus.

14

UM APRENDIZADO DO AMOR

Mestre Divino!

Neste teu Natal, rendemos gratidão e apreço ante a estrada libertadora que teu Evangelho nos proporciona.

A avalanche de dor e de aflições que campeia à nossa volta nos faz meditar o quanto somos insensíveis, inaptos e limitados diante de tuas lições de amor. Confessamo-nos frágeis e vulneráveis, no entanto sabemos que teus ensinos são o alimento e a força que nos ensejam bom ânimo e disposição nas tarefas de renovação e crescimento espiritual de que tanto necessitamos.

Identificamos nossa falta de entendimento e pobreza espiritual em face da grandeza de tuas palavras – fonte inesgotável de suprimento amoroso.

Senhor Jesus!

Neste teu natalício, precisamos dedicar mais tempo à reflexão e analisar mais profundamente teus preceitos sobre o amor, para percebermos a diferença entre o "amor real" e o "romantismo infantilizado" que criamos em torno de um suposto sentimento de afeto, construção ingênua onde impera a fantasia do par amoroso, em que duas pessoas se completam, nada mais lhes faltando.

As criaturas que dão excessivo valor às formas e às aparências dificilmente amam com intensidade. Existe uma proporção inversa na mente ardente e insaciável: quanto mais desejos satisfeitos, menos satisfação surgirá no coração, porque incessantemente aparecerão outros desejos solicitantes.

A crença de que "não há nada mais fácil do que amar" tem sido nosso grande equívoco a respeito do amor. Mesmo que as evidências provem o contrário, a grande maioria continua cultivando essa crença inadequada, sem compreender que amar exige dedicação, aprendizagem e análise reflexiva com as pessoas com as quais se cultiva trato de afeto. A propósito, estamos vivendo neste planeta com uma principal finalidade: o aprendizado do amor.

Amigo Excelso!

Vemos a problemática do amor na Terra, sobretudo como uma "necessidade de ser amado", em vez da "necessidade de aprender a amar". Nascemos com a capacidade de amar, mas ainda não possuímos a habilidade amorosa.

Fortalece em nós, Senhor, os propósitos de seguir-te os passos pelas veredas da vida plena e sustenta nossas almas na realização das obras interiores, para que consigamos edificar em definitivo o reino dos céus em nossa intimidade.

Permite-nos regozijarmo-nos pelas bênçãos de estar contigo neste teu aniversário, na alegria de refletir e de aprender cada vez mais o teu maior mandamento: *"Amarás o Senhor teu Deus de todo o teu coração, de toda a tua alma e de todo o teu espírito, e amarás o teu próximo como a ti mesmo."* [1]

---

[1] *Mateus, 22:37.*

15

AO DIVINO NATURALISTA

Senhor Jesus!...

Buscamos-te novamente neste Natal, em teu berço de palha na manjedoura singela, sob o céu estrelado, recordando teu reinado de equilíbrio e harmonia soberana.

Divino Mestre, neste teu natalício, ajuda-nos a descortinar os milhares de anos de "separação imaginária" que nos afastaram do sentimento da fraternidade universal, ou seja, da complementaridade perfeita que existe entre todas as criaturas e criações.

Esclarece-nos a alma conturbada, para que possamos compreender que os homens são apenas uma parte desta grande sinfonia da evolução da vida em todo o Universo.

Ensina-nos a considerar sagrado o ambiente em que vivemos e a entender que, para que haja realmente paz entre nós, devemos perceber a relação entre o microcosmo e o macrocosmo, reconhecendo nossa união com a Natureza e com todos os seres.

Revelaste-nos, Senhor, tua grandeza, exaltando as coisas simples da naturalidade da vida, dentro e fora de nós. O que sucede nos reinos simples da Natureza, acontece igualmente no mundo complexo da alma.

Mestre, tu nos ensinaste a confiar na Vida Providencial que a tudo comanda até:

- a capacidade do trigo,
- a serenidade das aves dos céus,
- a fertilidade do solo,
- a majestade dos lírios dos campos,
- a potencialidade das frutas,
- a superação das pérolas,
- a brandura dos montes e lagos,
- a doação das ovelhas,
- o poder das boas árvores.

Sublime Amigo, Tu és considerado, por excelência, o Divino Naturalista.

Através de tua magnitude, exemplificaste nossa unidade com a Natureza, ampliando-nos a sensibilidade para uma percepção mais profunda de nós mesmos.

Condutor das Almas, dá-nos mais clareza de consciência diante de teus ensinamentos, para que possamos enxergar a Terra e seus habitantes como parte efetiva de nosso corpo e de nossa alma – ambos criações divinas –, respeitando a todos, bem como a nós mesmos.

Abençoa-nos, agora e sempre!

16

ANTE O VÍCIO DA PAIXÃO

Jesus, ensina-nos a entender a diferença entre dependência e amor.

Sei, Mestre Querido, que o amor não termina, nós é que nos transformamos; e, por conseqüência, mudamos nossa visão sobre o mundo e as pessoas.

Senhor Jesus, como pode o amor – o mais nobre dos sentimentos – nos fazer mal? Como alguém pode agir sobre nós tal qual uma droga, um alucinógeno que nos exalta e ao mesmo tempo nos arrasa? Como dosar ou utilizar na proporção certa a inclinação amorosa?

São essas dúvidas cruéis que nos rodeiam a mente e nos

fazem às vezes sentir vontade de desistir da busca: tudo nos parece sem importância, não conseguimos avançar, não vemos com otimismo o futuro.

Cristo Amado, estamos cientes de que a paixão termina, o amor não. A paixão vence e refreia o que a razão sugere e pondera; o amor propõe liberdade. Por isso, quando amamos alguém, devemos deixá-lo livre. Se partir, é porque nunca o tivemos; se voltar, é porque o conquistamos.

Hoje sabemos, Mestre, que nosso amor não é maduro, e sim uma dependência psíquica. Somos viciados na "emoção do enamoramento" e na sensação de felicidade que ela nos proporciona; conseqüentemente, sempre esperamos do "bem-amado" a fonte da alegria de viver, o que nos torna seduzidos e cativos.

Parece, Divino Amigo, que sem "um amor" nos assemelhamos a criaturas que não sabem nadar, buscando freneticamente um tronco flutuante para não se afogarem. A paixão é um prazer que nos causa agonia, mas essa mesma agonia nos dá prazer. Isso é o paradoxo da paixão – é a etiologia dos diversos tipos de dependência.

Jesus, socorre nosso amor!

Na Terra somos muitos os viciados em relacionamentos. Essa condição, que supostamente alivia a dor de uma realidade intolerável – a de não se amar e não sentir capaz de cuidar de si mesmo – perpetua a compulsão afetiva de "ter sempre alguém por perto" e nos desvia da motivação para recuperar e valorizar a própria vida.

O sentimento afetivo pode nos fazer muito mal quando o objeto de nosso amor tem efeito alucinatório sobre nós, anestesindo-nos e, ao mesmo tempo, causando-nos deslumbramento!

Querido Mestre, são diversos os mitos sobre o amor e quase todos nós damos fé ou afirmamos como verdades certas crenças ou construções mentais idealizadas. Temos tendência e inclinação:

• para acreditar que o amor real traz sofrimento e que, se recusarmos sofrer por amor, nunca amaremos corretamente. Amor que significa um contínuo sofrer não é amor, é dor. E dor é um indício de que algo vai mal ou está doente e precisa ser apurado e tratado;

• para afirmar que só se ama verdadeiramente uma vez na vida, alegação notável e romântica, mas completamente equivocada. Podemos amar inúmeras vezes e tão fortemente quanto antes, ou até muito mais. A cada nova existência, cresce o número de nossos amores;

• para crer que sem um parceiro, nossa vida não vale a pena ser vivida. Ora, podemos, sim, alcançar a felicidade, mesmo vivendo a sós e em total abstinência de sexo. Por isso, não devemos atribuir valores absolutos às nossas escolhas de vida, pois corresponderia a dizer que aqueles que não se adaptaram à vida a dois são desnaturados;

• para declarar com firmeza que o amor pode tudo. Ele realmente tudo pode quando é estimulado e compartilhado; mas diante de pessoas que não querem amar ou se deixar amar, a experiência pode ser aniquiladora e humilhante, situação que bem se enquadra no antigo provérbio "querer tirar leite de pedras."

Por essas razões, Mestre e Senhor, estamos pedindo-te que nos ajudes a sair deste círculo vicioso, para que, tomando posse de nosso valor pessoal, voltemos a acreditar em nós mesmos, e assim, em breve, possamos amar sem medo de ser rejeitados e abandonados.

Jesus, socorre nosso amor!

17

PRECE DO CONTROLADOR

Senhor Deus... Aqui te rogo socorro para a minha compulsão de controlar.

Concede-me a prerrogativa de aprender sempre mais e ensina-me a conquistar, pela observação e auto-análise, o dom da confiança na Providência Divina, que atua em toda parte, através da qual todos entram em contato contigo em todos os momentos da vida.

Que eu possa deixar de tentar controlar tanto as coisas que me rodeiam. Sei que não é minha tarefa controlar familiares, amigos, eventos, situações, enfim, a vida.

Sinto, no entanto, que tenho uma enorme necessidade de

fortalecer minha auto-imagem, por mim mesmo desacreditada. Cada vez que eu consigo com sucesso controlar alguém, confirmo inconscientemente minha maneira equivocada de pensar e, a partir disso, sinto recompensas internas e o ego lisonjeado.

Pai, em virtude dessa minha obstinada convicção presunçosa de que "sou melhor e faço o melhor", através de minha capacidade ou superioridade intelecto-mental, é que vivo relacionamentos complicados e frustrantes. Para compensar-me intimamente, apóio-me ao ponto de vista de que as coisas só vão melhorar quando elas estiverem sob meu controle e supervisão. Mas, no íntimo, sei que sou um ser humano indolente, inseguro e imoderado.

No campo de atividades humanas em que nos encontramos, por acréscimo de tua bondade, faze-me sentir que todos os patrimônios da vida te pertencem; por isso mesmo te peço que a ilusão do controle abandone meu roteiro existencial.

Sabedoria Perfeita, devo me conscientizar cada vez mais de que nada possuo além de minhas necessidades de renovação. Preciso aprender a colaborar para a vida, e não controlá-la.

E, no dia-a-dia a que o Senhor convida a todos vivenciar junto com aqueles a quem amamos, renova-me as atitudes para que eu não perpetue devaneios e enganos.

Que minha afetividade não seja controladora.

Que minha verdade não seja absoluta.

Que minha coragem não seja intransigente.

Que minha fé não seja dominadora.

Que minha sexualidade não seja manipuladora.

Que minha justiça não seja agressiva.

Que minha paternidade não seja autoritária.

Que minha beneficência não seja imperiosa.

Que minha religiosidade não seja fiscalizadora.

Pai Amoroso, em vez de buscar o controle desesperado quando as coisas não acontecem da forma como eu planejei, devo confiar em que o Senhor já tem algo melhor para minha existência e para a de todos.

Assim seja.

18

PETIÇÃO DOS MÉDIUNS

Senhor Jesus! Medianeiro de luz!

Durante vários séculos, fomos tidos como a personificação do maligno, mas, atualmente, muitos indivíduos nos exigem santidade e até mesmo abstenção total dos prazeres e de tudo que a nós se refere.

No entanto, Mestre, sabemos que os únicos demônios deste mundo são os que transitam em nossos corações. E é em nossa intimidade que o combate deve começar.

Em muitas circunstâncias, acreditamos que a luta deveria ser travada fora de nós, o que não é tão simples assim. Cremos que bastaria separar os maldosos do resto de nós e aprisioná-los.

Todavia, transitamos presos ao mundo das oposições, o de dentro e o de fora; vivemos receosos entre erros e acertos, entre o bem e o mal, entre o certo e o errado, entre a luz e as sombras, como prisioneiros da polaridade.

É tênue o fio que separa os opostos – elementos naturais da estrutura humana (egoísmo-desprendimento, dominação-submissão, adulação-aversão, ciúme-indiferença, malícia-ingenuidade, vaidade-desmazelo, apego-apatia) –, e esse fio imperceptível separa o íntimo de toda criatura humana. E quem de nós se habilitaria a destruir uma parte de nós mesmos?

Jesus querido, não devemos jamais manifestar rejeição ou sentimento de aversão ou asco com as atitudes das pessoas que nos buscam para pedir um aconselhamento; ao contrário, em cada confidência que escutamos, devemos nos perguntar onde existe isso também em nossa intimidade.

Não somos melhores nem piores que ninguém. Na realidade, somos parte da humanidade, vivemos de conformidade com os desígnios divinos, ou seja, de acordo com planos do Criador ao nos fazer seres humanos, filiações suas.

Cristo de Deus! Temos ciência de que somos soberanos e escravos do próprio destino; senhores supremos de nossas ações e prisioneiros de seus efeitos impositivos; por isso, te pedimos que nos ajude a identificar com clareza:

• no erro, a lição a ser aprendida; a sabedoria vem com a prática;

• no fracasso, a parte de um processo de experimentação e crescimento;

• no absolutismo, a solidão, porque se constróem muros em vez de pontes;

• no preconceito, a turvação, que não permite ver a realidade;

• no equívoco, a superação das próprias deficiências e a busca de aprimoramento;

• na presunção, o orgulho da certeza excessiva em si mesmo;

• no amor, a completude que supre a existência, que, se vazia, não pode ser prazerosa;

• na alegria, o aconchego do menor espaço entre as pessoas;

• no moralismo, a infelicidade de viver entorpecidos na paralisação;

• na esperança, a coragem de acender um candeeiro em vez de maldizer a escuridão;

• no sexo, a sabedoria de que amar e ser amado depende mais do que somos do que daquilo que nos acontece.

Por fim, ó Intermediário de Deus na Terra, nós te rogamos!... conduze-nos pelas estradas da aprendizagem para que tenhamos o entusiasmo de seguir-te o exemplo na seara da mediunidade bendita!

19

NOS TEMPOS DA ADOLESCÊNCIA

Jesus, Obreiro Zeloso, companheiro de todas as horas!

Em tempos idos, foste um adolescente também e sabes o que representa essa fase do desenvolvimento humano, de transição para a juventude. Crescimento físico e desenvolvimento emocional processando-se mutuamente, demonstrando certa complexidade nesse período de maturação no qual necessitamos de mais acolhimento, apoio, carinho e compreensão.

Amigo Maior, na condição de criaturas no adolescer, atravessamos uma etapa difícil, não só para nós mesmos como também para nossos pais. Não ignoras do mesmo modo que, ao deixarmos a infância para nos tornarmos adultos, transformamos o comportamento íntimo para atingir a "construção da identidade", momento esse em que deixamos de lado os valores e juízos paternos para criarmos nosso próprio modo de avaliar os seres e as coisas.

Muitos de nós possuímos grande excitação de ânimo, sensibilidades antagônicas, ocasiões de euforia e de desesperança, época em que tudo nos parece tão simples e ao mesmo tempo tão complicado e esmagador. Sabes o que é ter anseios no coração e sonhos idealistas; o que é ter vigor e jovialidade no corpo.

Condutor de Almas, faculta-nos discernimento e compreensão nessa importante fase de formação ética, que abrange os setores intelectual, emocional, social e mental.

Que possamos compreender a nós mesmos e aos adultos com quem convivemos, para que se manifeste nosso senso de auto-responsabilidade; que possamos concretizar planos e projetos e criar condições de aprender coisas novas, contribuindo, assim, para o bem-estar social.

Que possamos quebrar preconceitos e respeitar a diversidade das coisas, ou seja, conviver com os diferentes e com as diferenças para além dos próprios interesses egoístas e de toda limitação sexista.

Senhor, que nós, os jovens, nos interessemos em levantar e recuperar os irmãos do caminho, evitando todo populismo assistencial e toda catequização partidária.

Ajuda-nos, Cristo de Deus, a não congregar classes menos privilegiadas com o objetivo de prestar socorro paternalista, pois essa ajuda não as deixa sair da condição de necessitadas, eternizando o assistencialismo que não corta o mal pela raiz e sem ensiná-los a acreditarem em seu próprio potencial de conquista.

Favorece-nos o senso de prudência nos momentos de abatimento, desânimo ou fraqueza. Estimula-nos a edificar uma "personalidade distinta", que aceita a maturidade como padrão, e não modelos baseados em mimos, caprichos, temores, culpas, chantagens, ilusões ou conceitos deformados na infância.

Que as tuas bênçãos fiquem conosco hoje e sempre.

20

SOLICITANDO COMPREENSÃO

Senhor Jesus! Semeador do Bem...

Ajuda-nos a compreender mais, para que possamos ser servidores mais adequados e comprometidos com tua seara de amor.

Induze-nos ao exercício do entendimento, que nos fará ver os valores de uma religião íntima, e portanto democrática (liberdade de expressão e opinião), pois há séculos vivemos crédulos entre conceitos distorcidos de movimentos religiosos sectários, cuja hierarquia consagra poucos indivíduos à Divina Providência, e a maioria permanece num estado de dependência e subalternidade.

Amigo Desvelado! Estamos certos de que nós, os cristãos

de qualquer procedência, não podemos esquecer suas promessas: *"Estarei convosco, até o fim dos séculos."*[1] E, portanto, não precisamos ficar atemorizados com as ameaças das doutrina que pregam uma submissão cega à autoridade, pois a verdadeira religião é um "sentimento inato" [2] que prende as criaturas ao Criador, independentemente de formalismos e práticas exteriores.

Tu afirmaste aos fariseus sobre a vinda do reino de Deus: *"O reino de Deus, não vem com aparência exterior; nem dirão: Ei-lo aqui! ou Ei-lo ali! pois o reino de Deus está dentro de vós."*[3]

Facilita-nos o entendimento para percebermos que a base do sacerdócio organizado é impedir-nos de ter nossas próprias experiências com Deus, pois prometem conceder-nos esse experimento direto com a Divindade, desde que nos tornemos adeptos de congregações ou irmandades, seguindo as prescrições religiosas e aderindo a contribuições diversas.

Na maioria das cátedras eclesiásticas ou doutrinárias existe uma predisposição para sentar fanáticos, megalomaníacos e ambiciosos.

Ajuda-nos, ó Semeador do Bem, a nos conscientizarmos de que as crenças religiosas são enraizadas ou programadas em nossa casa mental desde a imemorialidade dos tempos. Cremos que são verdades absolutas. Por isso, é muito complexo deixar essas noções, mesmo diante do senso crítico e do raciocínio lógico, por causa do aprisionamento emocional em que nos encontramos arraigados.

A ideia mais perigosa é a de que meu Deus é o único Deus verdadeiro e minha orientação religiosa é a única legítima. Lutamos tenazmente quando nossas crenças são ameaçadas. Isso nos leva a guerras, divisões, terrorismo, discriminações, lutas e sangue.

Mestre Jesus! Converte nossas oportunidades de tempo ao trabalho de divulgação de teu Evangelho de amor. Faze-nos debruçar sobre a religiosidade – a união amorosa que interliga uns aos outros como filhos do mesmo Pai –, estado íntimo em que a alma se identifica com o Sagrado.

A verdadeira religião se funde na religiosidade, não se vincula a nenhuma organização externa; ao contrário, nos remete ao relacionamento da própria alma com Deus.

Por oportuno, lembremo-nos: *"Quando quiserdes orar, entrai para o vosso quarto e, fechada a porta, orai ao Pai, no íntimo; e o Pai, que vê no intimo, vos recompensará."* [4]

Ajuda-nos, Jesus Cristo, a ser hoje melhores do que ontem e amanhã melhores do que hoje. Fica conosco, agora e sempre.

Assim seja.

---

[1] *Mateus 28:20.*
[2] *Questão 650 (O Livro dos Espíritos).*
[3] *Lucas, 17:21.*
[4] *Mateus, 6:6.*

21

ORAÇÃO DA NOITE

Senhor Jesus, Médico e Educador de nossas almas, nós te rogamos, nesta noite de quietude e oração, as tuas bênçãos em forma de sentimentos ternos e afetuosos.

Visualizamos-te mentalmente, querido Mestre, nos tempos idos da Galiléia, quando nos falava sobre o amor do Criador para com suas criaturas.

Estamos cientes, Jesus, de que o Pai nos ama no mínimo tanto quanto a pessoa que mais nos ama ou virá nos amar sobre a Terra e que apenas a amorosidade pode cicatrizar nossas feridas; jamais a punição cura, só o amor pode curar.

Asseveraste um dia: *"Ninguém põe um remendo de pano novo numa roupa velha, porque tiraria a consistência da rou-*

pa e o rasgão ficaria pior"[1], querendo nos exemplificar que, em muitas ocasiões, tentamos explicar as tuas novas ideias libertadoras – de senso prático, crítico e moral –, utilizando conceitos ultrapassados, estabelecidos em regras preconceituosas e injustas, de sociedades insensíveis e indiferentes aos princípios éticos.

Disseste essas palavras diante dos publicanos e fariseus, que não te alcançavam os ideais que disseminavas sobre a Terra e tentavam a qualquer preço deturpar teus ensinamentos libertadores, comparando-os às leis de hegemonia da época que eles observam, havia muito, por atitudes sectárias e intransigentes.

No entanto, Senhor Jesus, na atualidade, ainda muitos de nós somos semelhantes aos antigos "doutores da lei": carregamos na própria intimidade os mesmos atos e atitudes mentais de épocas remotas, tentando interpretar ou encaixar teus ensinos renovadores de emancipação espiritual, lançando mão de preceitos supostamente religiosos, alicerçados no partidarismo e na ortodoxia que até hoje enxameiam por toda parte. Muitos de nós ainda nos conservamos enrijecidos e nos predispomos a conciliar "remendo de pano novo numa roupa velha".

Sabemos pela prática que não se tece "tecido novo em tecido velho", pois não dá homogeneidade, coerência, firmeza, compacidade e solidez. Logo, não haverá jamais a consistência almejada.

Pastor de Almas, abençoa esta nossa tarefa inspirada no

teu amor, bondade e ternura, que ora efetuamos na Casa Espírita, onde se cultiva a luz de tua presença através dos ensinos das verdades imortais.

Bendize os anseios de sabedoria e amor para que possamos unir "mente e coração", ampliando nossa consciência a fim de que possamos alcançar os planos de luz imortal onde habitam teus mensageiros.

Mais uma vez te rogamos, Mestre Amigo, fica conosco hoje, agora e para todo o sempre.

Assim seja.

(Mensagem psicografada no dia 24 de setembro de 2005 na cidade de Águida, Portugal, no término das atividades doutrinárias realizadas na Associação Espírita Consolação e Vida.)

---

[1] *Mateus, 9:16.*

22

PEDINDO LUZ

Luz de todo o Universo, ajuda-nos a encontrar a via de claridade que nos levará ao santuário sagrado que se encontra em nossa intimidade.

Concede-nos a bênção da lucidez, que nos livrará de maiores abandonos, entre os quais os que já fizemos de nós mesmos.

Pai Eterno, dá-nos suporte para nos libertar do cativeiro dos hábitos infelizes, das celas impostas pelas inseguranças acumuladas através dos tempos e dos grilhões dos medos que nos imobilizam diante da vida.

Não nos consintas viver iludidos a respeito de nós mesmos. E que tenhamos suficiente clareza de idéias para detectar as fragilidades que se transformaram em obstinação e caprichos, e a necessária lucidez para prever a conseqüencialidade dos atos e atitudes.

Freqüentemente tentamos pôr o que é provisório no lugar do definitivo, o físico à frente do transcendental, o falar antes do escutar, considerando os bens materiais mais valiosos do que a própria consciência.

Pai, concede-nos a visão crítica dos nossos deslizes, pois constantemente nos deixamos ilusionar com coisas que hoje existem e amanhã desaparecerão. Para ver com nitidez é preciso descerrar os olhos do ego.

Amplia nossa habilidade de ver perfeitamente as conseqüências desastrosas nos caminhos já trilhados e, a partir daí, eleva nossa capacidade de superação.

Alteia-nos o pensamento para identificarmos o cerne de nossos próprios desajustes, mas, sobretudo, ensina-nos a consultar as experiências passadas e tudo quanto a elas se associe, para que acertemos mais e erremos menos.

A lucidez, como sabemos, é uma espécie de "função sensorial" que nos dá a habilidade de "degustar idéias ou saborear a visão de totalidade".

Inteligência Criadora, conduze-nos à renovação, para que iniciemos um novo modo de pensar e agir, avaliando os fatos e acontecimentos através da lógica, indiferentes a preconceitos, convenções arcaicas e a dogmas irracionais.

Sê nosso abrigo e inspiração!...

Assim seja.

23

DIANTE DOS EQUÍVOCOS DO AMOR

Habilita-nos, Senhor Jesus, a amar com segurança.

Mestre, faze desaparecer o nevoeiro que nos obscurece a visão e nos tira da realidade, levando-nos a buscar relacionamentos ilusórios – fundamentados numa auto-imagem que retrata o que gostaríamos que o outro fosse. Enquanto estivermos buscando esse tipo de relação afetiva, não amaremos realmente; estaremos criando "idealizações amorosas".

Amoroso Amigo, muitas criaturas se unem a outras por carência afetiva ou por medo de ficarem sós. Em muitas ocasiões, o amor é mascarado pela necessidade de preencher um vazio e, quando a falta é suprida, geralmente se descobre que não havia o amor anunciado.

Emissário da Sabedoria, desde que nascemos nos incitam a uma forma de amor romanceado, nos apresentam um "tratado normativo" a ser executado como se fosse um "código de honra" a ser cumprido. Não se discute, apenas obedeça. Todas as idéias e noções sobre o amor são passadas como sendo uma única forma de amar e aprendemos a sonhar e buscar um dia viver tal encantamento.

Amar não é conceder descontroladamente ou abrir mão de tudo. Verdade seja dita: onde tudo é aceito há falta de amor.

Cristo Afetuoso! Reconhecemos que, em "nome do amor", perpetramos verdadeiras calamidades em nossas vidas e renunciamos ao próprio senso de dignidade, componente vital da felicidade. Portanto, suplicamos-te que nos ajude a distinguir nossos sentimentos e emoções.

• Não se trata de amor quando alguém requer exclusivamente para si o afeto, carinho e atenção do outro. O nome disso é carência íntima ou necessidade afetiva.

• Não se trata de amor quando há paixão pela ostentação ou aparência. O que ocorre é exibicionismo ou narcisismo.

• Não se trata de amor quando há mandonismo ou tolhimento do direito de escolha. O que existe é possessividade ou egoísmo.

• Não se trata de amor quando forçamos situações ou coagimos pessoas a permanecerem ao nosso lado. Isso é falta de consciência do próprio valor, ou ausência de dignidade.

• Não se trata de amor quando precisamos de auxílio, proteção e dedicação constantes e excessivos. O que há é dependência, ou apego compulsivo.

• Não se trata de amor quando há queixas constantes, descontentamento e mau humor na vida afetiva. Na verdade, é ausência de prazer, ou simples desejo.

Por fim, Mestre, temos conhecimento de que nós, os homens, somos a principal fonte do próprio infortúnio. Conscientiza-nos de que quem não submete a exame e vigilância o próprio coração se coloca à mercê da discórdia, do desentendimento e do desassossego.

Fica conosco agora e sempre.

24

DESIDERATA[1]

Pai, não permitas que sejamos verdugos que lancetam as pessoas, nem que sejamos criaturas nas mãos cruéis dos carrascos.

Senhor da Vida, muitas vezes nos fazemos de sofredores, exibindo nosso suposto padecimento para atrair a piedade ou mesmo a admiração de nossos semelhantes. Vestimo-nos à maneira de pobres ovelhas, dissimulando as feições de lobos astutos. Fazemo-nos de mártires para continuar sendo acusadores.

A vítima adora ser protagonista nas histórias alheias, e assim acaba não ocupando o papel principal na sua própria vida.

Juiz Celeste, reconhecemos que o vitimismo é um reservatório de sentimentos negativos. Dele surge a tendência para culparmos o mundo e as criaturas (pai, mãe, cônjuges, irmãos, enfim, a sociedade) e para fazermos deles os responsáveis pelas nossas próprias mazelas.

"Entidade maligna" de mil faces, o vitimismo é o artífice principal da distorção dos fatos verdadeiros. Ele tem como mãe a carência, mas tem a agilidade de colocar diante dos olhos uma lente escura e opaca que impede de se ver as cores da realidade.

Meu Deus! Ajuda-nos a valorizar o lado positivo das coisas, entendendo a negatividade ainda existente na maioria dos seres, não os acusando antes de olhar para nós mesmos.

Não nos deixes ser atingidos pela ilusão do prestígio e do poder, nem nos desesperar diante dos fracassos. Os que caíram nas teias da autopiedade vão caminhando, arrastando o coche de seus lamentos e frustrações quase sempre imaginários, provocando no próximo, enfado, aversão e aborrecimento. Isso é muito penoso quando sabemos que, na realidade, tudo o que a vítima quer é exatamente o contrário: ganhar carinho, apreço e atenção.

Ó Deus! Livra-nos do sentimentalismo extremado e das cegueiras íntimas que nos destroem a autocrítica, o discernimento e a capacidade de ponderar com racionalidade os fatos e acontecimentos.

O complexo de vítima produz a postura de mártir sofredor – é uma das mais ardilosas e devastadoras patologias psicológicas. Deste complexo provém a impressão sempre equivocada e alienada de que não precisamos jamais mudar. Os outros sempre é que estão errados.

Poder do Universo, se nos for permitida a felicidade, não consintas que olvidemos o bom senso e a intuição; se nos for outorgada, a prosperidade, não permitas que percamos a prudência e a precaução, conservando assim autonomia – capacidade de se autogovernar.

Quando nos machucarem com opressão, maus-tratos e arbitrariedades, não nos deixes sofrer e sucumbir em conseqüência do vício do vitimismo. Ao contrário, faze com que levantemos a própria alma com a força da estima e do respeito que cada um de nós deverá ter por si mesmo.

E, finalmente, Pai Amado, se nós te esquecermos nos momentos de desenganos e ingratidão, rogamos, Senhor, que nos faças lembrar imediatamente de Ti!

---

[1] *Nota do Espírito: desiderata – plural latino de desideratum (aquilo que se deseja, aspiração, desiderato).*

25

ANTE A PRÉ-OCUPAÇÃO

Jesus, querido Amigo, ajuda-nos a não nos afligir diante dos problemas ou nos prender à ansiedade a ponto de produzir em nós mesmos enormes sofrimentos íntimos. Em muitas circunstâncias, os desassossegados com familiares e amigos podem nos colocar à mercê de sérios transtornos e atribulações.

Benfeitor do Alto, que possamos estar vigilantes às portas da própria alma, já que a "pré-ocupação" é uma porção venenosa que ingerimos, em muitas ocasiões, de modo inconseqüente e automático. Esta postura íntima é um ácido que corrói gradativamente as energias vitais.

A idéia catastrófica que envolve um amigo, cônjuge, parente, colega de trabalho, pode construir uma muralha emocional que dificultará a ajuda real quando necessária. Ela pode desestruturar profundamente uma situação com a energia ansiosa liberada, dificultando, a partir disso, a ação efetiva de auxiliar ou de dar assistência concreta.

O vício do "pensamento preocupante" pode tornar-nos inabilitados para lidar com uma nova situação e incapazes de executar tarefas socorristas.

Mestre Galileu, se formos procurados por nossos semelhantes, mesmo parentes ou amigos, que venham pedir socorro material ou moral, e nos sentirmos inaptos para prestar a ajuda imediata, não permitas que fiquemos inquietos e desesperados. Na prática de fazer o bem, o mais importante não é simplesmente "dar ou solucionar", e sim ensinar o indivíduo a buscar novas alternativas de transformação para viver melhor consigo mesmo.

A Divina Providência não nos apresenta alguém com dificuldade sem que tenhamos a capacidade de induzi-lo a resolver o problema por meio do hábito de refletir e da disposição para tomar atitudes. Portanto, se alguém for ao nosso encontro e estender as mãos:

• com frio, é porque temos como habilitá-lo a buscar o cobertor;

• com tristeza, é porque temos como instigá-lo a descobrir a própria felicidade;

• com lágrimas, é porque temos como levá-lo ao encontro da consolação;

• com fome, é porque temos como instruí-lo a obter o

alimento;

• com dor, é porque temos como empenhá-lo a adquirir o remédio;

• com desalento, é porque temos como encorajá-lo a procurar o estímulo;

• com agitação, é porque temos como inspirá-lo a alcançar a serenidade.

Cristo de Deus, ajuda-nos a tomar consciência de que a ansiedade desmedida contagia nossa intimidade. Ela prende as faculdades intelectuais sobre determinado fato ou acontecimento e cria uma monoidéia, produzindo um estado psicológico em que prevalece a fixação mental doentia. O mais terrível é que, com o tempo, a ansiedade começa a nos dominar, tornando-se uma força que nos desgasta e que depois determina nossos caminhos.

Necessitamos entender que mudar implica longo processo de "demolição/reconstrução". Não se trata apenas de escutar conselhos ou certas regras de conduta.

Que tua paz esteja conosco, Mestre, para percebermos que, quanto mais aflitos estivermos para dar respostas prontas, de acordo com aquilo que imaginamos, mais dificultaremos a ajuda verdadeira, porque, na verdade, o que devemos fazer é nortear, pura e simplesmente, levando as pessoas a lançarem mão de seu potencial e resolverem, elas próprias, seus conflitos e dificuldades.

Benfeitor do Alto, estende mãos compassivas sob nossos distúrbios de tensão ou síndromes de preocupação.

26

ORAÇÃO DOS PAIS

Senhor Deus! Olha por nossos filhos...

Que eles possam adquirir força e firmeza de espírito para enfrentar situações emocionais ou moralmente difíceis.

Que aprendam retirar por esforço próprio as "pedras de tropeço" que atrapalham a realização de seus objetivos e atividades pessoais.

Que busquem em si mesmos o ânimo e a coragem para suportar seus fardos evolutivos ou para enfrentar conflitos e dissabores íntimos.

Que possam respeitar e, gradativamente, aprender a amar todos os seres viventes da Terra.

Que adotem a fidelidade em si mesmos como lema existencial e responsabilidade perante os compromissos assumidos.

Que reconheçam a importância da sanidade e, se doentes, que aprendam a valorizar ainda mais o equilíbrio físico-mental.

Que, se dedicados ao trabalho, sejam bem-sucedidos; e, se afortunados, saibam sua felicidade partilhar com seus semelhantes.

Que percebam as vantagens de possuir um temperamento tranqüilo e pacífico, pois "ser de boa paz" leva a um convívio cordial e à interação entre os indivíduos dos diversos grupos sociais.

Que suas mentes se abram para observar os fatos e situações por meio da razão e da lógica, para que saibam distinguir aquilo que é útil daquilo que não serve.

Que tenham confiança na Vida, para que a Vida possa confiar neles.

Senhor Deus! Olha por nossos filhos...

Certa vez teu Filho Amado perguntou a uma mãe: "*Que queres? Ela respondeu: Dize que estes meus dois filhos se assentem, um à tua direita e o outro à tua esquerda, no teu reino. E ele disse-lhe: (...) Mas, o assentar-se à minha direita, ou à minha esquerda, não me pertence a mim concedê-lo, mas isso é para aqueles a quem está reservado."*[1]

Sei que toda mãe almeja o progresso e a felicidade de seus filhos, e que isso não depende unicamente do amor ou desejo maternal, mas, da firmeza, das aspirações e dos intentos deles próprios.

Mesmo assim, Senhor Deus, pedimos-te que olhes por nossos filhos. Antes de serem nossos, são filhos teus, vivenciando a longa trilha evolutiva que lhes cabe caminhar.

Que assim seja.

---

[1] *Mateus, 20:21 a 23.*

27

PRECE DA PALAVRA

Luz do Mundo, fonte límpida de inspiração!

Entre todos aqueles que te solicitam auxílio, não te esqueças de que eu, igualmente, procuro servir-te na tarefa de dissipar todo tipo de miséria que grassa no planeta.

Sei, Jesus, que devo administrar os pensamentos para gerar equilíbrio e, a partir daí, ter o verbo elevado e a voz consoladora.

Por isso, ensina-me a acrescentar em minhas atividades o amor, para que eu possa extinguir gradativamente a delinqüência e a violência que há na Terra. Dá-me a habilidade de usar expressões na ocasião certa para que todos consigam viver com mais autodomínio, respeito e moderação.

E, se for necessário, ampara-me, por compaixão, permitindo-me consolar os desorientados da Terra, porque um dia, Mestre, um centurião inflamado na fé disse: *"Senhor, não sou digno de que entres debaixo do meu telhado; mas somente dize uma palavra, e o meu criado há de sarar."* [1]

Creio na força da fé que se afirma com convicção profunda e na crença manifestada com segurança. Sei que posso atuar a distância, uma vez que nos achamos magneticamente associados uns aos outros.

Auxilia-me a analisar criteriosamente as coisas que verbalizo diariamente, pois, assim, estarei em condições de esclarecer e ajudar a todos, ensinando a ciência da frase correta e expressiva. Falar sem refletir é disparar uma flecha sem apontar.

Que eu possa ter, Condutor de Almas, um comportamento vigilante com a expressão "não". Quase sempre me sirvo das colocações "não posso", "não é fácil fazer isto", "não consigo", "não sou capaz", e outras tantas. Preciso emudecer diante da negatividade e me pronunciar sempre vendo o lado bom das coisas.

Inspira-me a todo instante a conversações que revelem fé e otimismo – "vou melhorar", "em que posso ajudar?", "vou aprender", "estou conseguindo", "eu sempre venço os problemas".

Hoje, mais do que nunca, sei que devo afirmar com otimismo tudo o que eu almejo. Afirmações são forças poderosas e, invariavelmente, dizem algo a respeito dos anseios mais íntimos. Ajuda-me, Senhor, a potencializar e validar o que de bom acontece ou aconteceu.

Consente que eu fale dos conflitos ou dos acontecimentos nocivos empregando o verbo no passado. Isso dá força ao presente. Em vez de dizer "eu tive facilidade em fazer...", que eu diga "eu tenho facilidade...". Em outras ocasiões, em vez de enunciar a frase "gostaria de agradecer a presença de vocês", que eu pronuncie "agradeço a presença de vocês". O verbo no presente fica mais possante e real.

Não consintas, Mestre, que eu acuse os outros. Nem que eu me adorne com "vestimenta dissimulada", e sim que eu me despoje das camuflagens da aparência que servem de máscara e de compensação das necessidades vaidosas e egoísticas.

Permite que eu possa unir-me à autenticidade, porém sem omissão da humildade, e conserva-me na cautela e moderação, a fim de que eu saiba administrar minhas colocações utilizando compreensão e modéstia, para que o amparo e a aceitação acolham amorosamente todos os que me cercam.

Guia-me, Cristo de Deus, para o caminho do bom senso, da reflexão, da flexibilidade, e conduze minha expressividade por tua mente altiva e digna.

---

[1] *Mateus, 8:8.*

28

AGRADECIMENTO PELO AMIGO!

Jesus, Companheiro de todas as horas!

Nada me oferecerá obstáculo ou risco e será obscuro ou mesmo complicado, se tiver ao meu lado um bom amigo.

Senhor, a vida prática nos ensina que podemos avaliar um indivíduo por seus amigos. Aliás, o laço de amizade é sintonia. É como um instrumento de corda afinado: o tom harmonioso e sonoridade uníssona.

A amizade verdadeira torna duas vezes maior a felicidade e partilha as tristezas. Em muitas circunstâncias, os vínculos de amizade são mais estreitos dos que os de sangue e da família.

Mestre tu disseste inúmeras vezes essas admiráveis palavras: "*Já não vos chamo de servos, porque o servo não sabe o que faz o seu senhor; mas chamei-vos amigos, porque tudo quanto ouvi de meu Pai vos dei a conhecer.*"[1]

Um amigo é alguém que sabe de nossa fraqueza moral e, mesmo assim, nos ama como somos. Todos nós na Terra estamos aprendendo a usar coerentemente sentimentos e emoções.

Um amigo é uma pessoa com quem nos abrimos como se estivéssemos falando com nós mesmos.

Um amigo é alguém com quem simplesmente conversamos com o olhar.

Um amigo nos entende, mas não se cala; não rivaliza, mas questiona, fazendo-nos voltar à realidade.

Um amigo aguarda pacientemente nosso pranto cessar e depois nos diz: "Em que eu posso te ajudar?..."

Um amigo nos conhece na prosperidade, e, nas tribulações, nós é que conhecemos nosso amigo.

Uma amizade termina onde começa o interesse; a amizade dá liberdade e não põe restrições ou algemas. Há uniões que acontecem, movidas por vantagens pessoais, sem se levar em conta os reais sentimentos da alma.

Um amigo nos aceita como somos, sem qualquer atitude de discriminação fundamentada no sexo, ou de rejeição ou aversão às diferenças.

Um amigo verdadeiro não irá ao nosso encontro somente nos dias festivos e felizes, a menos que lhe solicitemos a presença; mas comparecerá quando estivermos nos dias amargos, ainda que não a solicitemos.

Rabi de Nazaré, fortaleça nossos laços de amizade, pois temos ciência de que para possuirmos intimidade verdadeira e adquirirmos total confiança entre amigos, é imperioso nunca ocultar nossas emoções secretas, fragilidades, inseguranças e medos; em outras palavras, é preciso confessar nossos pontos fracos. Querer demonstrar caráter impecável é característica de indivíduos incapazes de manter relações duradouras e real afetividade.

Meu bom Jesus, nós te agradecemos em prece o amigo querido que puseste em nossa vida. Obrigado por colocares alguém tão perto de nós, alguém que não sugere nenhuma prevenção ou receio e que, por essa razão, permite que pensemos em voz alta.

Assim seja

---

[1] *João, 15:15.*

29

JOVENS EM CRISES DE IDENTIDADE

Jesus, libertador de almas, habilita-nos a ser pais mais conscientes diante da educação de nossos jovens filhos e emancipa nossa mente encarcerada nas concepções e idéias superadas e obsoletas.

Entre pais e filhos não há maior abismo do que o silêncio, quando é preciso debater idéias e pensamentos.

Temos conhecimento, Senhor, de que é na juventude que se revela explicitamente todo processo educativo que transmitimos no lar. Aliás, nessa fase é que se torna visível o desempenho educacional, ético e moral dos pais.

Entendemos que a vida pretérita é importante, tanto

quanto a vida presente. Assim sendo, pedimos-te que nos ajudes hoje a manter nossos filhos com os "pés firmes no chão". Para tanto é necessário que neles coloquemos algumas "responsabilidades nos ombros".

Mestre Galileu, perante a "crise de identidade" da juventude, devemos entender que se trata de uma etapa em que o adolescente está formando sua individualidade e desenvolvendo um conjunto de características que o distingue das outras pessoas. Por isso, é importante capacitar-se de uma filosofia de vida própria, concebendo opiniões e decisões, e, construir, enfim, uma consciência peculiar com planos e projetos para seu próprio futuro.

É justamente nesse período que o adolescente atravessa diversas crises existenciais que perturbam seu equilíbrio emocional, gerando angústia e sofrimento, alguns causados:

• pela pressão social e familiar para vencer e ser bem sucedido no campo profissional;

• pela probabilidade de ser rejeitado no início do namoro e das relações sexuais;

• pelo temor do abandono parental e do falecimento dos pais;

• pela expectativa diante da possibilidade de se desligar do ambiente doméstico – processo tão natural nessa fase da vida.

Por isso, Cristo Amado, a busca dos jovens em reconhecer seus traços distintivos tem como objetivo essencial o de se tornarem criaturas independentes. Tem como propósito libertá-los da "colonização" dos pais e/ou da hegemonia ou administração de outrem, atitude essa que para muitos adolescentes se mostra oscilatória, com períodos entre os estados de dependência e independência.

Mestre, rogamos-te serenidade e segurança para entendermos nossos filhos em "crise de identidade", pois compreendemos perfeitamente que quanto mais inseguros e menos confiantes forem, mais terão dificuldades em se liberar da nossa tutela e assumir suas vidas. Da mesma forma, Mestre, reconhecemos que nós, os pais, por conseqüência, quanto mais possessivos, prepotentes e tirânicos formos, mais dificultaremos o processo de se autogovernarem, impedindo-os de agir e viver por si sós.

Possui-se independência quando há lógica entre o que se faz, o que se pensa e se fala.

Educador de Almas, nós oramos neste momento em prol de nossos adolescentes para que se lembrem de que as decisões que adotarem poderão vir a ser fonte de tranqüilidade e crescimento, ou fator de desequilíbrio e estagnação, com sério comprometimento à estabilidade e ao equilíbrio de suas vidas.

A propósito, Jesus, pedimos também que os inspire a entender que a independência de um homem não se constitui de atitudes drásticas ou radicais, e sim da coerência com que comanda a própria existência.

30

PRECE DIANTE DA NATUREZA

Senhor da Vida!
diante da Natureza,
manifestação incontestável da tua criação,
permite que os homens se reúnam em oração
louvando a naturalidade das coisas...

Pai de infinita bondade, faze com que eles possam aprender:

• com a sensibilidade das flores, exalar o perfume do bom senso;

• com o amparo e o resguardo das árvores, criar raízes de

resistência diante dos obstáculos;

• com a quietude das montanhas, serenidade para fazer auto-observação;

• com a musicalidade das aragens, entender a harmonia das leis da vida;

• com a tranqüilidade dos lagos, refletir sobre o potencial interior;

• com a determinação dos rios que buscam o seio dos mares, sedimentar o poder de realização;

• com a espontaneidade dos pássaros, dar asas a criatividade;

• com a estrutura fecunda do solo que nos proporciona frutos, ser receptivos às boas idéias;

• com a simplicidade dos brotos nos ramos férteis, ser flexíveis às novas concepções;

• com os frutos da terra, abastecer o celeiro da alma.

Podemos notar, Soberano do Universo, que a Natureza estabelece o equilíbrio das criações e das criaturas através das tuas leis naturais, e a nós cabe observá-la para que possamos viver com ordem, auxílio mútuo e moderação.

Ante as dificuldades, Senhor, que os homens possam ser como a água, que em silêncio adapta-se às limitações que os teus desígnios impõem através da Natureza, mas que prossegue em frente, contornando de maneira equilibrada os empecilhos que encontra pelo caminho.

Estamos cientes, Pai, de que as leis naturais mostram como tudo acontece, e observar a naturalidade das coisas pode ser um educador bem mais confiável do que os livros e palavras dos seres humanos, pois, conforme os sábios asseguram, "a Natureza é a arte de Deus".

Alma do Universo, guarda-nos em tua paz,

Não só agora, mas para todo o sempre.

Que assim seja.

31

NA PRESENÇA DA ESPIRITUALIDADE

Senhor Jesus, aprendemos contigo que religiosidade é algo mais amplo do que o simples fato de cumprir minuciosamente ritos religiosos ou de pertencer a determinadas tradições espirituais.

Amigo Devotado, certa vez, durante seu encontro com a mulher samaritana, tu nos ensinaste: "*Mas vem a hora, e já chegou, em que os verdadeiros adoradores hão de adorar o Pai em espírito e verdade, e são esses adoradores que o Pai deseja.*"[1] Logo, temos ciência de que "ter religião" é bem diferente de "ter religiosidade", que é, em verdade, um sentimento inato existente na profundeza da alma humana, onde podemos adorar a Divindade "em espírito e verdade".

Mestre Querido, hoje entendemos que ter um sentido voltado para as coisas sagradas e um senso de união com todas as manifestações vivas do Universo é a verdadeira espiritualidade que tu querias nos ensinar. Não são os livros sagrados, nem as cerimônias ritualísticas que nos unem a Deus; tanto estas como aqueles podem despertar ou estimular nossos potenciais transcendentais, mas apenas a religiosidade nos liga ao Pai.

Algumas igrejas e movimentos religiosos, assim como certos cultos ou credos devocionais, são em essência instituições egóicas coletivas, uma vez que se identificam com as estruturas governamentais, políticas, financeiras e outras tantas atividades ligadas aos bens temporais.

Da mesma forma, Senhor, compreendemos que o indivíduo que tem uma nova consciência já entendeu o significado da religação ou da união com a Divindade.

Condutor de Almas, amplia nossa consciência.

Clareia nossa visão a fim de percebermos que, tanto na atualidade como nos séculos passados, a ambição, o medo e a ânsia de poder foram a etiologia dos combates armados e das violências desencadeadas não somente pelos povos, nações e tribos, mas igualmente pelas religiões e ideologias.

Sabemos que a religião (do latim *religare*) é o processo de interligação da criatura com o Criador. Mas, afinal de contas, poderíamos nos perguntar: Será que o ser humano está separado de Deus? Então, qual a finalidade do *religare* ou da religião?

Relembramos, Mestre Jesus, a afirmativa de Paulo aos atenienses: "*O Deus que fez o mundo e tudo o que nele há, o Senhor do céu e da terra, não habita em templos feitos por mãos humanas. Nem é servido por mãos de homens, como se necessitasse de alguma coisa, porque é ele quem dá a todos a vida, a respiração e todas as coisas.*" [2]

Com base nessas palavras conseguimos discernir que não estamos afastados de Deus, e sim nos relacionamos com Ele de modo constante, mas inconsciente. Por isso, nossa tarefa primordial é nos conscientizarmos da necessidade de resgatar, de trazer à luz essa ligação esquecida ou ignorada, esse *religare*.

O legítimo significado da religiosidade nada mais é do que o descobrimento na alma de uma capacidade que transcende a natureza física de tudo o que existe.

É o que torna possível ao homem, independentemente de sua convicção religiosa, a percepção do seu vínculo Divino com Deus, onde e com quem estiver.

---

[1] *João 4:23.*
[2] *Atos 17: 24 e 25.*

32

ANTE AS ENFERMIDADES

Senhor Jesus, temos conhecimento de que o que torna um ser humano mais saudável que outro é o fato de um deles controlar melhor suas emoções e pensamentos, e os usar de modo consciente.

Médico das Almas, contam antigos textos mesopotâmicos sobre a origem das doenças, que o povo acreditava terem sido elas criadas pelos deuses como uma resposta aos homens pelo comportamento ofensivo.

Os deuses podiam castigar os seres humanos de duas formas: abandonando-os e deixando-os vulneráveis à ação de demônios, ou, pela punição que os tocava diretamente, enviando pestes ou doenças virulentas que afetariam toda a comunidade. Pensavam eles: pelo pecado de um, todos seriam culpados e penitenciados.

Senhor, estamos cientes de que a etiologia da enfermidade na Antiga Mesopotâmia estava ligada estritamente ao pensamento mágico ou sobrenatural. Os demônios eram também considerados como origem da insanidade, sendo descritos nesses textos como tendo grande autonomia em suas ações sobre os seres humanos.

Amigo querido, sabemos que emoções/experiências demarcam as idéias. As idéias criam a mentalidade e esta gera os comportamentos e palavras que comandam os atos e as atitudes. Senhor, ainda muitos de nós carregamos conceitos adquiridos em vidas pretéritas, perpetuando crenças/padrões que vivenciamos na noite dos tempos.

Jesus de Nazaré, atualmente sabemos que as mãos se servem das drágeas para curar, da seringa e da agulha para aliviar. Entretanto, não podemos esquecer que as moléstias procedem da intimidade. A mente é a grande fonte criadora da felicidade ou das agruras humanas.

A nossa existência, Cristo Jesus, pouco a pouco, plasma em torno de nós tudo aquilo que pensamos e desejamos. Todos possuímos "experiências vivas" que amanhã lançarão luzes ou trevas em nosso caminho, fazendo-nos refletir sobre o que fazemos a cada dia.

Todas as criaturas adoecem, todavia pequeno número pensa com profundeza a respeito da cura real. De que adianta a medicação exterior, se prosseguimos persistentes nas mesmas atitudes mentais em desajuste?

O que se faz num dia é semente de sanidade ou não para o dia seguinte.

Jesus, em muitas ocasiões solicitamos a assistência de médicos especialistas ou o amparo dos amigos espirituais, mas, ao desaparecerem os primeiros sintomas da enfermidade, abandonamos o remédio ou a orientação saudável e voltamos aos mesmos excessos que nos conduziram ao desequilíbrio físico-psíquico.

O pensamento é a flecha. A emoção é o arco que a impulsiona. Sejamos flecheiros com conhecimento de causa – e não autômatos –, utilizando toda observação possível e escolhendo o centro de interesse, o objetivo e a finalidade conscientemente, pois o alvo atingido poderá nos trazer bem-estar ou enfermidade.

Portanto, te rogamos, Mestre, lucidez para enxergarmos o alvo de nossas escolhas: nós somos agora o resultado do que pensamos até hoje.

Erramos em acreditar que os pensamentos e emoções, por serem invisíveis, se desfazem quando paramos de registrá-los. O que pensamos fica gravado na estrutura corporal e espiritual, nos relacionamentos e nas tarefas que executamos.

Toda emoção intensa sobre o veículo físico é semelhante a um forte impacto sobre peças importantes de uma máquina delicada, e toda inconformação obstinada enferruja e corrói suas atividades dinâmicas.

Por final, Senhor, não permitas que esqueçamos que as enfermidades, como as penas, flutuam à tona da água; aqueles que desejam encontrar a causa das moléstias, devem mergulhar nas profundezas do rio.

Fica conosco agora e sempre.

33

JESUS ACALMA MEUS PASSOS

Senhor!

Sinto aceleradas as batidas do coração, a mente agitada e excessiva tensão muscular. Essa ansiedade extrema provoca em mim enorme sofrimento, acompanhado da sensação de que não vou suportar tamanha inquietação interna.

Senhor!

Em meio às confusões do dia-a-dia, ensina-me tranqüilidade, pois preciso encontrar quietude em minha intimidade. Sei, Mestre, que a casa mental perturbada reage diretamente com o corpo somático, e o sistema imunitário torna-se gradualmente mais vulnerável e propenso às doenças.

Às vezes parece que jamais conseguirei descansar. Não compreendo de onde vem e para onde vai esse abalo que me consome, o qual temo que nunca possa terminar.

Ensina-me como serenar meus passos, Senhor, porque muitas vezes corro desesperadamente, passando os olhos de forma rápida por coisas essenciais. Vejo as pessoas de forma supérflua e passageira, acho que não tenho tempo para parar, não tenho tempo para dar tempo ao tempo. E toda essa ansiedade me torna desatento.

Inspira-me o hábito da observação atenciosa, pois isso melhora meu desempenho cognitivo-emocional. Em algumas circunstâncias, não percebemos o que os olhos vêem e, em outras, notamos o que os olhos não viram diretamente. Esse fato só pode ser entendido pela complexidade e interatividade dos processos cognitivos e/ou espirituais, como atenção, percepção físico-astral e memória presente e passada.

Orienta-me como apaziguar meus passos, Cristo de Deus, para que eu possa perceber a "síndrome da pressa" que tomou conta de minha vida, doença psicológica causada pelo ritmo frenético em que eu vivo atualmente. Esse sintoma patológico tem como causa o aumento excessivo de ansiedade.

Impulsiona-me à prática diária da meditação, uma capacitação integradora da mente que permite controlar os pensamentos sem esforço e promove um "estado de alerta descansado", que favorece um alto grau de consciência e lucidez.

Mostra-me como acalmar meus passos, Senhor, visto que em muitas circunstâncias eu me sinto incapacitado até de balbuciar a mais breve oração. Sempre acreditei que o ato de fazer "tudo rapidamente" fosse sinônimo de mais eficiência, e de melhor habilitação.

Encoraja-me à renovação de conceitos. Que eu possa aderir a novas idéias ou concepções, e não que eu tente interpretá-las ou entendê-las com o auxílio de velhas idéias. Que não fique preso ao passado, deixando de crer que possam existir novas maneiras de viver, pensar e agir.

Incentiva-me a aquietar meus passos, Senhor, pois a sensação de estar irritado ou com "os nervos à flor da pele" me consome. O cansaço e a fadiga tomam conta de meu mundo íntimo; tenho dificuldade em concentrar-me e uma impressão constante de "falha de memória".

Ajuda-me a desenvolver a auto-observação, para que eu possa examinar meus atos e atitudes inadequadas e, a partir daí, não continuar atraindo energias desconexas que me descontrolam o cosmo orgânico.

Aconselha-me como amainar meus passos, Senhor, e ampara o meu repouso – o refazimento durante o sono. Auxilia-me a me preparar bem para o ato de dormir todas as noites, lembrando-me sempre que, enquanto dorme meu corpo, eu, Espírito, adentrarei no verdadeiro mundo e irei aos lugares que elegi como meu tesouro.

Ensina-me a viver o momento presente. Tenho pensamentos voltados para o passado e outros para o futuro, e como não tenho meios de saber o que virá e nem posso mudar os eventos idos, vivo em constante apreensão e receio. Penso: e se eles voltarem a se repetir em minha vida?

Explica-me como aplacar meus passos, Senhor, para que eu não acredite que tudo está perdido e sem sentido, para que eu possa valorizar a vida simples, que é o equilíbrio entre o acelerado e o vagaroso. Porquanto quem vive de modo complexo não se detém no óbvio, não refreia os passos, não sente o próprio ritmo, e sim o imposto pela sociedade.

Senhor!

Não permitas que a ansiedade me coloque à margem da vida. Antes, que eu aprenda com ela e que dela eu seja capaz de retirar o meu aprimoramento...

Que assim seja!

34

ABRIR MÃO DO TEMPO

Pai Amantíssimo, ajuda-nos a abrir mão de controlar o tempo e a dar seu devido valor na nossa vida. Impeça-nos a tentativa de adulterar os resultados das coisas, pois os acontecimentos se tornarão realidade na hora e no lugar certo, e acontecerão naturalmente.

"Não vos inquieteis, pois, pelo dia de amanhã; porque o dia de amanhã cuidará de si mesmo. Basta a cada dia o seu mal."[1]

Em muitas ocasiões, Senhor, desejamos ansiosamente alguma coisa: um cargo, uma viagem, um imóvel, um afeto, uma peça valiosa. Queremos antecipar a duração natural dos acontecimentos para que a nossa vida tome novos rumos.

Então, aguardamos – em algumas circunstâncias, pacientemente, outras vezes, ansiosamente. E durante todo o tempo imaginamos: o que o futuro nos reserva? Quando acontecerá o que buscamos? Acreditamos que só assim então seremos felizes.

Pai, hoje sabemos que as respostas vêm do Alto. Se ouvirmos com atenção tua voz, nós a perceberemos claramente. No momento exato, na ocasião correta, chegará a oportunidade adequada.

Devemos nos tornar brandos e flexíveis, pois sabemos que tua celestial determinação sempre acontecerá, apesar de nós, e não por nossa causa.

A todo momento, estamos sendo preparados para tomar posse daquilo que nos pertence. Precisamos nos libertar do suposto controle que temos sobre o tempo. Precisamos parar de manipular os fatos e ocorrências que a vida nos apresenta.

Em muitas circunstâncias, Senhor, nós nos aventuramos a buscar o que tens como plano e propósito para nossa existência, procurando com inquietude o teu desejo sapiencial. Todavia é bom não esquecermos que existem, momentaneamente, coisas além de nosso alcance ou sobre as quais não temos nenhum controle.

Devemos ter calma para esperar o que tarda. O dia de hoje cuidará do que é essencial e indispensável para nós.

Pai, concede-nos, especialmente, a dádiva de compreender a tua vontade, seja qual for. Que possamos confiar em teus desígnios superiores, já que o ontem, o hoje e o amanhã são três etapas de uma mesma jornada.

A todo momento, é possível semear e colher, e os nossos anseios do coração serão realizados, na ocasião oportuna e segundo a tua vontade.

Agradecemos a ti, hoje e sempre.

---

[1] *Mateus, 6:34.*

35

ORAÇÃO DO DIRIGENTE RELIGIOSO

Senhor Jesus, ajuda-me em meus procedimentos para que eu possa conduzir e apreciar minhas competências de líder com a luz da ponderação e do discernimento.

Condutor de nossa alma, liberta-me da arrogância que muitas vezes acompanha meu ego destituído de humildade; poupa-me da minha insolência de querer ter sempre razão, sinal de meu vazio interior.

Muitas criaturas acreditam que eu seja completamente inspirado pelas luzes do Alto. Pensam que, por ter galgado altos postos na doutrina que abraço, sou incapaz de cometer erros e distorções.

Mestre Galileu, livra-me do fanatismo, que pode contaminar os adeptos de qualquer orientação religiosa, levando-os a enxergar um único ponto de vista e a se negar a ver todos os outros, pois desconhecem que ninguém possui o discernimento de tudo.

Estamos cientes, Mestre, de que as atitudes fanáticas são um modo de como as pessoas expressam sua insegurança. Necessitam manter sua obstinação em crenças inflexíveis, rejeitando as convicções alheias porque, inconscientemente, percebem pouca consistência nas próprias idéias e ideais.

Conduze-me com razoabilidade nas tarefas e reuniões que dirijo e, em caso de debates e polêmicas, que eu não descarte sem ponderação os pontos de vista dos participantes e equipes ali representadas.

Que eu não seja mais um a querer dominar pela paixão do comando e da autoridade, tornando os homens escravos de postulados arcaicos e dificultando-lhes a expansão da alma pela lógica e pelo dom de raciocinar.

Mente Sublime, existem lamentavelmente muitas criaturas que tomam a sua opinião por base absoluta do verdadeiro e do falso, do certo e do errado, do bem e do mal. Tudo o que contrarie seu jeito de ver, que conteste suas idéias, que está em desacordo com suas deduções, é sombrio e blasfemo aos olhos delas.

O fanático não ama o ideal, ama apenas a si próprio.

Ilumina-me, Senhor, para que eu não seja um desses dirigentes que buscam seguidores desavisados e crédulos, que impedem seus simpatizantes ver ou buscar conceitos renovadores, mas a permanecer a seu redor, admirando-os como semideuses ou ídolos fabricados.

Hoje sabemos, Mestre, através da ciência psicológica, que as pessoas atreladas a um zelo excessivo pela doutrina que professam e habituadas a defesas exaltadas de pontos de vista contrários aos seus, em nome dessa mesma fé, estão apenas defendendo seus próprios interesses, sua maneira de pensar, de avaliar e deduzir; enfim, sua vaidade, seu ego, e não os princípios éticos dessa doutrina.

Toda argumentação impetuosa ou fundamentação febril tem como base um conteúdo muitas vezes desconhecido ou inconsciente. Não existem "bancas examinadoras" ou "tribunais de acusações" destituídos de significação egóica.

Permanece comigo, Nazareno Amado, para que eu não crie uma atmosfera de comoção emocional e servilismo patético, na qual eu tenha fãs ou adoradores, e sim uma seara amiga e pródiga de espírito crítico aliado à faculdade de examinar com ponderação e agudeza de espírito.

Assim seja.

36

PRECE DE GRATIDÃO

Ao findar de mais um dia, agradecemos Pai, por todos os bens que existem em nós em estado latente e que nos foram doados por Ti.

Entre eles, destacamos alguns dos potenciais mais preciosos que precisamos desenvolver: **Amor - Auto-aceitação - Paciência - Transitoriedade - Determinação - Perdão**.

Senhor do Universo, sabemos que, quanto mais nos aprimoramos, mais conseguimos atingir a felicidade; quanto mais ficamos alegres, mais descontraímos; e, por resultado, demovemos com mais facilidade os obstáculos existenciais.

Somos gratos, Senhor, por ter ciência que o **amor** não é aprendido por fórmulas mágicas ou relações simbióticas. A dádiva do amor é um processo que tem como sentido se tornar definitivamente integral, porque, enquanto for seletivo e preferencial, não será amor real. Quem ama verdadeiramente constitui um "nós", isto é, "une", sem abolir o próprio "eu"...

Somos gratos, Senhor, por saber que a **auto-aceitação** implica considerar o valor, admiração e respeito que se sente por si mesmo. Quando aceitamos a nós próprios, evidenciamos o atributo de quem se satisfaz com seu modo de ser e demonstra, por conseqüência, confiança em seus atos e julgamentos.

Somos gratos, Senhor, por entender que a **paciência** é a capacidade de persistir numa empreitada difícil, suportando incômodos e dificuldades. O paciente sabe esperar. Isso não significa que ser paciente é esperar passivamente de modo contínuo e sem iniciativa, até que a pessoa cresça ou a situação mude por si só. A paciência é ativa, não é inerte.

Somos gratos, Senhor, por perceber que a **transitoriedade**, será sempre a *vernissage* da condição física. Os atributos da máscara humana são efêmeros, a transitoriedade impera na vida terrestre. Os espíritos transitam por uma escala, vastíssima de reencarnação, através dos milênios ocupando as posições mais diversas – profissional, sexual, social, familiar e outras tantas. Verdade seja dita, o que hoje se compreende de uma forma, amanhã sofrerá mudanças e se entenderá de outra maneira.

Somos gratos, Senhor, por estarmos cientes que **determinação** nos faculta jamais desanimar diante dos obstáculos que a vida nos apresenta. Ser determinado é não hesitar; é ser ousado, ser resoluto. O que valida o possível e o impossível é a perseverança do indivíduo.

Somos gratos, Senhor, por aprender a arte do **perdão**. Perdoar é desenvolver um sentimento profundo de compreensão, por saber que nós e os outros ainda estamos distantes de agir corretamente.

Na realidade, apenas podemos compartilhar aquilo que temos. Se não soubermos perdoar a nós mesmos, não saberemos perdoar aos outros e vice-versa. Na realidade, em se tratando de perdão, estamos conscientes, Pai, de que o perdão simplesmente não se oferece, mas, sim, compartilha-se.

Pai Celestial, a criatura grata sabe que o que o Senhor lhe concedeu é muito mais importante do que aquilo que o Senhor lhe recusou. Por isso, tem confiança absoluta em teus desígnios.

Criador Amoroso, deixamos aqui humildemente nossa gratidão, nosso ato de reconhecimento, que envolve um sentimento de dívida eterna acompanhado do desejo de agradecer-te profundamente por tudo que recebemos de tuas mãos generosas.

Que assim seja.

Hammed tem sido para mim não somente um mestre lúcido e lógico, mas também um amigo dedicado e compreensivo. Recebo sempre suas lições com muita atenção e carinho, porque ele tem mostrado possuir uma sabedoria e coerência ímpares, quando me orienta sobre fatos e ocorrências inerentes à tarefa à qual estamos ligados no Espiritismo.

Na França do século XVII, participou do movimento jansenista, precisamente no convento de Port-Royal des Champs, nas cercanias de Paris.

Francisco do Espirito Santo Neto

A BUSCA DO MELHOR

Francisco do Espirito Santo Neto
ditado por Hammed

Filosófico
Formato: 14x21cm
Páginas: 176

Sócrates afirmava que "ninguém que saiba ou acredite que haja coisas melhores do que as que faz, ou que estão a seu alcance, continua a fazê-las quando conhece a possibilidade de outras melhores". Ser protagonista da própria vida não significa jamais se equivocar; significa, sim, refazer caminhos, reconhecer falhas e erros, e deixar de ser prisioneiro das próprias atitudes. Neste livro de Hammed, você vai descobrir as ferramentas necessárias para conduzir sua história de vida e fazer da existência uma grande oportunidade de aperfeiçoamento.

 www.boanova.net

 www.facebook.com/boanovaed

 www.instagram.com/boanovaed

 www.youtube.com/boanovaeditora

Entre em contato com nossos consultores e confira as condições.
Catanduva-SP 17 3531.4444 | São Paulo-SP 11 3104.1270

RENOVANDO ATITUDES

Francisco do Espirito Santo Neto
ditado por Hammed

Filosófico
Formato: 14x21cm
Páginas: 248

Elaborado a partir do estudo e análise de 'O Evangelho Segundo o Espiritismo', o autor espiritual Hammed afirma que somente podemos nos transformar até onde conseguirmos nos perceber. Ensina-nos como ampliar a consciência, sobretudo através da análisedas emoções e sentimentos, incentivando-nos a modificar os nossos comportamentos inadequados e a assumir a responsabilidade pela nossa própria vida.

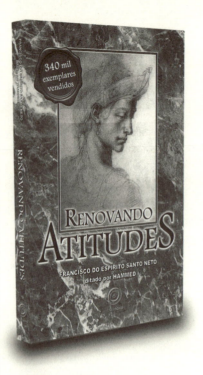

 www.boanova.net

 www.facebook.com/boanovaed

 www.instagram.com/boanovaed

 www.youtube.com/boanovaeditora

Entre em contato com nossos consultores e confira as condições.
Catanduva-SP 17 3531.4444 | São Paulo-SP 11 3104.1270

COLEÇÃO
REVISTA ESPÍRITA

O MISTÉRIO DA CASA

CLEBER GALHARDI
16x23 cm
Romance Infantojuvenil
ISBN: 978-85-8353-004-6

256 páginas

Uma casa misteriosa! Um grupo de pessoas que se reúnem alguns dias por semana, sempre a noite! Um enigma? O que essas pessoas fazem ali? O que significa esse código? Descubra juntamente com Léo, Tuba e Melissa as respostas para essas e outras situações nessa aventura de tirar o fôlego que apresenta aos leitores uma das principais obras da codificação de Allan Kardec.

LIGUE E ADQUIRA SEUS LIVROS!
Catanduva-SP 17 3531.4444 | boanova@boanova.net
São Paulo-SP 11 3104.1270 | boanovasp@boanova.net

www.boanova.net

A BATALHA PELO PODER

Assis Azevedo
Ditado por João Maria

Romance
Formato: 16x23cm
Páginas: 320

Desde a remota Antiguidade o homem luta para dominar o próprio homem, tudo por causa do orgulho, do egoísmo, da inveja e, sobretudo, da atração nefasta pelo poder. Mesmo com o advento do Cristianismo, a humanidade não entendeu a verdadeira mensagem de Jesus, que era "amar o próximo como a si mesmo"

Esta obra, ditada pelo Espírito João Maria, informa-nos com muita propriedade sobre uma batalha desencadeada pelos nobres da Idade Média, cuja intenção era sempre lutar bravamente pelo domínio de tudo o que existisse, com a desculpa de que honrariam, assim, o nome de seus antepassados.

 www.boanova.net

 www.facebook.com/boanovaed

 www.instagram.com/boanovaed

 www.youtube.com/boanovaeditora

Entre em contato com nossos consultores e confira as condições.
Catanduva-SP 17 3531.4444 | São Paulo-SP 11 3104.1270

Os prazeres da alma

uma reflexão sobre os potenciais humanos

FRANCISCO DO ESPÍRITO SANTO NETO
ditado por **HAMMED**

Filosófico | 14x21 cm | 214 páginas

Elaborado a partir de questões extraídas de "O Livro dos Espíritos", o autor espiritual analisa os potenciais humanos - sabedoria, alegria, afetividade, coragem, lucidez, compreensão, amor, respeito, liberdade, e outros tantos -, denominando-os de "prazeres da alma". Destaca que a maior fonte de insatisfação do espírito é acreditar que os recursos necessários para viver bem estão fora de sua própria intimidade. A partir deste contexto, convida o leitor a descobrir-se no universo de qualidades que povoa sua natureza interior.

CAMÉLIAS DE LUZ

Cirinéia Iolanda Maffei
ditado por Antonio Frederico

Romance
Formato: 16x23cm
Páginas: 384

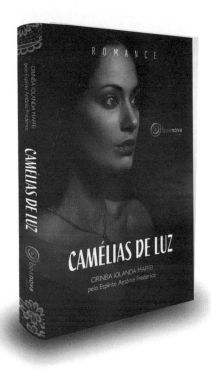

No Brasil do final do século XIX, três mulheres têm suas existências entrelaçadas novamente... Seus amores, paixões, derrotas e conquistas... Uma história real, lindamente narrada pelo Espírito Antônio Frederico, tendo como cenários as fazendas de Minas Gerais e o Rio de Janeiro pré-abolicionista... Pairando acima de tudo, as camélias, símbolos da liberdade!

O amor restabelecendo o equilíbrio. Mais do que isso, o autor espiritual descerra aos olhos do leitor acontecimentos que fazem parte da história de nosso país, abordando-os sob o prisma espiritual. As camélias do quilombo do Leblon, símbolos da luta sem sangue pela liberdade de um povo, resplandecem em toda a sua delicadeza. Uma história que jamais será esquecida...

 www.boanova.net

 www.facebook.com/boanovaed

 www.instagram.com/boanovaed

 www.youtube.com/boanovaeditora

Entre em contato com nossos consultores e confira as condições.
Catanduva-SP 17 3531.4444 | São Paulo-SP 11 3104.1270

Conheça mais a Editora Boa Nova:

 www.boanova.net

 www.facebook.com/boanovaed

 www.instagram.com/boanovaed

 www.youtube.com/boanovaeditora

Instituto Beneficente Boa Nova
Entidade coligada à Sociedade Espírita Boa Nova
Av. Porto Ferreira, 1.031 | Parque Iracema
Catanduva/SP | CEP 15809-020
www.boanova.net | boanova@boanova.net
Fone: (17) 3531-4444